♥♥♥♥♥♥♥♥♥♥♥♥♥♥♥♥♥♥♥♥♥♥♥♥♥♥♥♥♥♥♥♥♥♥♥

AF236084

Sandra Widulle

Verliebe dich in das Leben
♥ Glück im Alltag ♥

♥♥♥♥♥♥♥♥♥♥♥♥♥♥♥♥♥♥♥♥♥♥♥♥♥♥♥♥♥♥♥♥♥♥♥♥♥♥♥

Autorin:

Sandra Widulle, Jahrgang 1964, zwei erwachsene Kinder, gelernte Schriftlithographin, ausgebildete kirchliche Kinderpädagogin und Kinderpflegerin.
Sie lebt im Landkreis Ansbach.
In ihrer Gemeinde ist sie tätig im Bereich der öffentlichen Schaukastenarbeit.
Beruflich darf die Autorin in einer Kindertagesstätte im Landkreis Fürth arbeiten.
Neben dem Schreiben sind Bewegung in der Natur und entspannen in der Sauna ihre Lieblingsbeschäftigungen.
2010 schrieb die Autorin ihr erstes Buch: „Sternstunden und Glücksmomente", 2014 erschien ihr zweites Buch „Geschichten für kurz und klein". 2016 folgte das dritte Buch „Der Tag ist voller Wunder".

♥♥

Zu diesem Buch:

Wie auch in meinen anderen Büchern schreibe ich gerne meine Erlebnisse, Erfahrungen und Glücksmomente auf. Damit beuge ich dem Vergessen vor und es freut mich, wenn ich diese Momente mit euch teilen darf. Das Leben ist voller Glück. Man muss nur die Augen dafür öffnen, um all die Wunderwerke zu erblicken.

♥♥

Sandra Widulle

♥♥♥

Verliebe dich in das Leben

♥ Glück im Alltag ♥

Bibliografische Information der Deutschen Nationalbibliothek
Die Deutsche Nationalbibliothek verzeichnet diese Publikation in der Deutschen Nationalbibliografie; detaillierte bibliografische Daten sind im Internet über http://dnb.d-nb.de abrufbar.

Deutsche Erstausgabe

© Copyright 2023 Sandra Widulle

Korrektorat/Lektorat: Melitta Klamt, Selina Widulle, Yannic Widulle
Fotos: Jürgen Wunderlich, Jochen Härdter, Pauline Reutlinger, Stefan Grießhammer, Christine Graser, Beate Härdter, Judika Tittel, Inge Steinbach, Kerstin Schär, Werner Habermann, Andrea Soponova, Sandra Widulle
Layout: Sandra Widulle
Titelbild: pixabay.com

Herstellung und Verlag: BoD – Books on Demand, Norderstedt
©2023

ISBN 9783752842098

Book on Demand (BoD) im Internet: www.bod.de

Bibelverse sind, wenn nicht anders angegeben, der folgenden Ausgabe entnommen:
© Gute Nachricht Bibel, Deutsche Bibelgesellschaft Balinger Str. 31 A 70567 Stuttgart www.die-bibel.de

Für alle, die das Leben lieben.

♥♥

© Jochen Härdter

Nimm dir einmal Zeit

Nimm dir einmal Zeit,
um auf deinem Weg zur Arbeit
innezuhalten, um die frische Morgenluft einzuatmen.

Nimm dir einmal Zeit,
um die ersten Sonnenstrahlen oder
Regentropfen auf deinem Gesicht zu spüren.

Nimm dir einmal Zeit,
um mit deiner Kollegin, deinem Kollegen zu reden,
hör genau zu.

Nimm dir einmal Zeit,
um durchzuatmen und dich daran zu erinnern,
dass Stress nicht das Ende der Welt ist.

Nimm dir einmal Zeit,
um zu hören, was Gott dir zuflüstert:
„Entdecke all die Schätze, die ich im Alltag für dich
versteckt habe und erfreue dich daran."

Nimm dir Zeit,
das Schöne,
das Ungewöhnliche im Gewöhnlichen zu finden.

© Jürgen Wunderlich

Sandra Widulle

2023

Vorwort und Dank

♥♥

Schreiben war schon immer eine große Leidenschaft von mir. Ich liebe es, meine Erlebnisse mit anderen zu teilen. Ich habe gemerkt, dass ich meinen Tag viel bewusster erlebe, weil ich immer gespannt bin, welchen Glücksmoment Gott für mich bereithält. Ich liebe mein Leben! Ich bin gerne unterwegs, per Fahrrad oder zu Fuß. Auch wenn es immer wieder Hürden zu überwinden gibt, weiß ich, dass auch daraus etwas Gutes entstehen kann. Das Aufschreiben hilft mir, dem Vergessen vorzubeugen und Erfahrenes nachzuerleben.

Ich will mir durch das Schreiben auch bewusst machen, dass es mehr Gründe zur Freude als Probleme gibt. Ich will auch glauben, dass es mehr Möglichkeiten als Unmöglichkeiten gibt.

Dieses Buch soll dir etwas Farbe in deinen Alltag bringen. Es ist mein Wunsch, dass du dadurch aufgemuntert und inspiriert wirst.

Mache es dir nun bequem. Vielleicht mit einer Tasse Tee in der Hand und komm mit mir in meinen Alltag.

Danken möchte ich allen, die dazu beigetragen haben, dass dieses Buch entstehen konnte.

Ein **Dank** ergeht an Jürgen Wunderlich, Jochen Härdter, Pauline Reutlinger, Stefan Grießhammer,

Christine Graser, Melitta Klamt, Judika Tittel, Beate Härdter, Inge Steinbach, Kerstin Schär, Werner Habermann, Andrea Soponova, für die wundervollen Fotografien.

Ein **Dank** ergeht an meine Freundin Melitta Klamt, meinen Sohn Yannic und meine Tochter Selina. Alle drei haben die Arbeit der Korrektur und des Lektorats übernommen und so manche Satzstellung verändert.

Ein **Dank** ergeht an Stefan Grießhammer, der mir eine Hilfe bei der Bearbeitung der Fotografien war.

Ein **Dank** ergeht an Melitta Klamt, Elke Pauli und Franz-Josef Eiteneier, die mit einem Beitrag zu diesem Buch beigetragen haben.

Ein **Dank** ergeht an meinen Sohn Yannic, dessen Geschichte, die er in jungen Jahren geschrieben hat, dieses Buch bereichert hat.

Glück! – Was ist das?

Was bedeutet Glück für dich? Glück kann für jeden anders aussehen.

Ist es die Erfüllung unserer Wünsche?

Stimmt das? Der Volksmund sagt: Jeder ist seines Glückes Schmied. Eines weiß ich, jeder Mensch möchte glücklich sein. Die Gesellschaft verspricht uns Möglichkeiten zum glücklich werden, z. B. durch Meditation, Glücksspiel und Musik. Manche Glückshilfen können allerdings süchtig machen.

Ich frage dich, bist du heute glücklich?

Wir Menschen sind geprägt durch die Medien und suchen dort nach unserem Glück, im Internet, in der Zeitung und im Fernsehen. Wir neigen dazu, uns zu vergleichen, welches Auto hat mein Nachbar? Welchen Beruf, welche Schulbildung? Kaufe ich auch im Markenladen wir Herr X und Frau Y? Sind wir glücklicher, wenn wir etwas „Besseres" haben als die anderen? Glücklich sein ist aber nicht nur Spaß, es ist tiefgreifender. Ich las einmal den Satz: „Glücklich ist der, der sich entscheidet glücklich zu sein."

Bin ich glücklich oder habe ich Glück?

Ich mag das Wort „Glück". Ich achte auf das kleine Glück im Alltag. Glück ist kein Lottogewinn, es ist auch kein neues Auto. Glück ist viel mehr und hat nichts mit Zufall zu tun. Ich könnte ein ganzes Buch schreiben, was ich als Glück empfinde. Glück ist auch, dass Gott mir die Augen öffnet, für alles war er mir jeden Tag schenkt. Für mich ist Glück etwas Kleines, etwas ganz Kostbares. Es ist ein Juwel.

Glück ist die Steigerung von Zufriedenheit.

Ich sage immer, ich bin eher zufrieden als glücklich. Zufriedenheit stellt sich meines Erachtens leichter ein als glücklich sein. Für das persönliche Glück muss man etwas tun. Das Wichtigste ist, nicht auf andere zu schauen, sich nicht zu vergleichen. Jeder sollte er selbst sein und zu seiner Persönlichkeit stehen, auch wenn du anders bist als die anderen. Mach DEIN Ding! Sei du selbst! Nur wenn du Du bist, kannst du Glück empfinden.

Welche kleinen Glücksmomente hast du und was ist Glück für dich?

© Pauline Reutlinger

Raum der Begegnung

Wie ist das, wenn du im Wartezimmer deines Arztes sitzt und warten musst bis du dran kommst? Bleibst du ruhig sitzen oder stürzt du nach einer gewissen Zeit wieder hinaus, weil du nicht warten willst?

Kennst du das, wenn Gott sagt: „Bitte warten?" Richte deinen Blick auf das, was vor dir liegt. Im Wartezimmer auf die Begegnung mit dem Arzt, um dort dein Anliegen mit ihm zu besprechen. Gott kennt deinen Weg ganz genau, darum ist es gut abzuwarten bis Gott spricht. Qualität braucht Zeit. In unserer schnelllebigen Zeit vergessen wir, dass die wichtigen Dinge langsam wachsen: Freundschaft, Weisheit, Charakter, Glaube, Vertrauen, Liebe. Zu sehr haben wir uns daran gewöhnt, alles sofort auf Knopfdruck oder per Mausklick zu bekommen. Gott ruft uns ins Wartezimmer, um warten zu lernen. Er baut Menschen nicht aus Fertighäusern, sondern formt sie zu einzigartigen Kunstwerken. Sitzfleisch zu entwickeln lohnt sich, denn bei Gott ist das Wartezimmer der Behandlungsraum.

Wenn du im Wartezimmer sitzt, kannst du deine Gedanken kreisen lassen. Du kannst in einer Zeitschrift blättern oder dich Gott öffnen. Nimm die Zeit an, die Gott dir schenkt, damit er dich formen kann, zu dem, wofür er dich bestimmt hat.

Sonnenblumen

Ich liebe Sonnenblumen, genauso wie die kleinen Gänseblümchen. Jedes Jahr blühen in meinem Garten einige schöne große Sonnenblumen. In meinem Wohnort, in dem ich wohne, wohnt auch Frau Schmidt. Sie hat ein Händchen für Pflanzen. In ihrem Garten wachsen herrliche Blumen, u. a. riesengroße Sonnenblumen. In den letzten Jahren schenkte mir Frau Schmidt Samen für Riesensonnenblumen. Darüber freute ich mich sehr! Im Frühling steckte ich die Samen in die Erde. Meine größte Blume, die davon hervorwuchs, maß 2,87 Meter. Mein Wunsch ist es, eine drei Meter hohe Blume zu haben. So sähte ich voller Vorfreude die geschenkten Samen auch dieses Jahr wieder in die Erde an einen sonnigen Platz im Garten. Aber was war? Es ging kein einziges Körnchen auf. War das Wetter zu kalt? Habe ich nicht genug gegossen? Elke, eine Freundin die auch Sonnenblumen liebt, erzählte mir, dass auch in ihrem Garten dieses Jahr keine einzige gesteckte Sonnenblume aufging. Mein Garten war nun seit vielen Jahren das erste Mal ohne diese schönen gelben großen Blumen. Es machte mich ein wenig traurig. Da kam eines Tages meine Tochter nach Hause und brachte einen Strauß Sonnenblumen mit, die sie auf dem Feld gepflückt hatte. Ihre Worte waren: „weil du keine im Garten hast". Ich habe mich total gefreut! Es hat mir auch gezeigt, dass Selina wusste, was mir diese Blumen bedeuten.

© Stefan Grießhammer

Mir geht es wunderbar

Sicherlich wird dir auch oft die Frage gestellt: „Wie geht es dir?". Was antwortest du? Antwortest du ehrlich? Erwartet der, der diese Frage stellt, überhaupt eine ehrliche Antwort? Sagst du: „Passt schon", dann weiß der Fragende nichts über dein Empfinden. Das Befinden des Seelenlebens, so finde ich jedenfalls, geht nicht jeden etwas an. Da rede ich nur mit echten Freunden ehrlich darüber. Wenn mir diese Frage gestellt wird, gebe ich nicht immer eine ehrliche Antwort. Es kommt darauf an, wer mich fragt. Es kommt auch auf den Moment an. Habe ich in diesem Moment Lust, ehrlich darauf zu antworten? Manchmal sage ich: „Ich erzähle es dir später." Es gibt zwei Kategorien, die beantwortet werden können: Der Gesundheitszustand oder das Seelenleben. Antworte ich: „Mir geht es gut", dann ist alles okay. Aber sage ich: „Mir geht es nicht gut", dann wird es spannend. Geht der Fragende weiter darauf ein, besteht wirklich ein Interesse an mir und es kann zum Gespräch kommen. Es gibt sicher auch Momente, in denen ich mit „Mir geht es wunderbar" antworte. Da ist dann alles einbezogen. Da geht es mir einfach sehr gut. Das ist oft im Urlaub oder kurz danach. Zeiten, in denen ich Sorgen loslassen kann und Zeit für mich habe. Wo ich ICH sein darf. In

Sprüche 17,22 steht: „Fröhlichkeit ist gut für die Gesundheit". Wenn es mir wunderbar geht, dann erfreue ich mich daran, dass Gott es gut mit mir meint und dass ich weiß, dass er mein Bestes für mich möchte. Es ist gut, wenn wir eine positive Einstellung haben. Denn eine positive Lebenshaltung hat starken Einfluss darauf, wie ich mich fühle, sowohl physisch als auch psychisch. Deshalb bemühe ich mich, in jeder Lebenslage das Positive zu erkennen.

© Jürgen Wunderlich

Die Wäscheklammer

Im August nahm ich an einer Fahrradfreizeit teil. Wir waren 23 Radler, die von Berlin bis Usedom (Wolgast) viel Spaß zusammen hatten. Eine Aktion gefiel mir ganz besonders: Die wandernde Wäscheklammer. Was hatte es mit dieser Klammer auf sich? Sie wurde am Anfang des Tages an irgendein Fahrrad geklemmt. Wenn man die Klammer an seinem Rad entdeckte, bestand die Möglichkeit, die Klammer zu behalten oder weiterzugeben. Wer am Ende des Tages die Klammer an seinem Rad hatte, der durfte von seinen Erlebnissen des Tages in der abendlichen Runde berichten. Das gefiel mir. Ich bekam bereits am zweiten Tag diese Wäscheklammer angeknipst. Es war schon nachmittags, als ich sie entdeckte. Da dachte ich mir: „Ach, heute will ich nichts erzählen" und gab sie weiter. An unserem letzten Radltag bekam ich diese Klammer gleich in der Früh an mein Rad geklammert. Da freute ich mich und radelte an diesem Tag sehr bewusst. Ich achtete besonders darauf, was ich am Abend erzählen könnte, denn wir alle fuhren die gleiche Tour. Jeder sah das gleiche, aber jeder nahm die Strecke anders wahr. So staunte ich über einen See, der bedeckt war mit vielen kleinen Blumen. Mir fielen zwei Schafe auf, die auf der Weide standen. Auch das Baden in der kalten Ostsee war an diesem Tag ein Erlebnis. Selbst, dass unser Weg auf eine Treppe stieß und die Räder hinaufgetragen werden mussten. Ich war sehr dankbar, dass ich mit Werner die Räder tauschen konnte. Er nahm mein schweres e-Bike, ich sein leichtes Trekkingrad. Ebenso die Einkehr im „Ort der Harmonie", manche nennen es auch das „stille Örtchen", war mir des Erzählens wert.

Da sieht man, eine Wäscheklammer kann viel bewirken. Sie hilft nicht nur, dass die Wäsche auf der Leine hängen bleibt, sie hilft auch, mit offenen Augen die Welt zu entdecken. Stell dir nun vor, dass du jeden Tag eine Wäscheklammer hast und am Abend darfst du den Tag Revue passieren lassen.

Ich hatte schon vor diesem Radlurlaub immer eine Klammer an meinem Rad. Diese Klammer stellt den berühmten Knoten im Taschentuch dar. Sie hilft mir, Dinge und Erledigungen nicht zu vergessen. Jetzt, nach diesem Urlaub, hat sie eine zweite Bedeutung bekommen, ich achte nun noch bewusster auf die kleinen Schönheiten, die mir während meines Radfahrens begegnen.

Schätze

Was ist für dich ein Schatz? Meine Schätze füllen die Regale in meinem Zimmer. Es sind aber nur in meinen Augen wertvolle Schätze. Da sind Steine, Muscheln, kleine Zettelchen mit lieben Worten, Mitbringsel von Urlauben, getrocknete Eukolypthusfrüchte, Münzen, Kerzen, Ü-Eier-Figuren, Eulen-Radiergummi usw.. An diesen kleinen Kostbarkeiten hänge ich. Jedes Teil hat seine Geschichte. Jedes Teil verbindet mich mit einer Begebenheit oder einem Menschen. Für andere Leute sind meine Schätze unnützes Zeug. Sie bezeichnen eher ihr Auto, ihr Haus, ihren Fernseher, ihren Whirlpool als kostbaren Schatz, (Klar, das Haus in dem ich wohne, ist auch ein großer Reichtum). Für manche ist eine Halskette oder ein besonders hübsches Kleidungsstück ein Schatz. In Matthäus 6, 19 – 21 werden wir davor gewarnt, uns Schätze auf Erden zu sammeln, weil sie nicht von Dauer sind. Schätze dagegen, die im Himmel angelegt werden, halten für die Ewigkeit.

Welche Schätze können wir uns für den Himmel anlegen? Die einzigen Schätze, die wir mitnehmen können, sind unsere Kinder und Freunde, Menschen, die wir lieben. Wenn wir für sie beten und durch unser Leben ein Zeugnis für die unglaubliche Größe unseres

Gottes geben, können wir uns darauf verlassen, dass der Heilige Geist ihnen eine Tür zum Himmelreich öffnet. In Galater 3,26 lesen wir: „Ihr alle seid jetzt mündige Söhne und Töchter Gottes – durch den Glauben und weil ihr in engster Gemeinschaft mit Jesus Christus verbunden seid." Ist das nicht herrlich? Wir alle sind Kinder Gottes! Einen besseren Schatz kann es nicht geben.

Kannst du dir vorstellen, dass du ein Kind, ein Schatz, des Königs des Universums bist?

Obwohl die Sünde in meinem und deinem Leben Spuren hinterlässt, schätzt Gott uns sehr.

Eine Überraschung

Es ist schon ein paar Jahre her, als mir mein Sohn sagte: „Mama, ich habe eine Überraschung für dich. Aber die wird dich nicht erfreuen und es dauert noch ein paar Wochen, bis ich es dir sagen kann." Oh man, welche Gedanken und Gefühle mein Sohn da in mir ausgelöst hat, kann ich kaum beschreiben. Eine Überraschung, die mich nicht freut. Mein erster Gedanke war: Er wird Vater. Klar ist es schön, wenn ich Oma werden würde, aber zu dieser Zeit stand mein Sohn mitten im Studium und war meiner Meinung nach dafür noch nicht reif genug. Ich dachte weiter: Er wird heiraten und ausziehen. Auch dies wäre eine großartige Sache, aber wie gesagt, er war damals noch recht jung. Ich hatte viele schlaflose Nächte. Der Gedanke, dass mein Sohn sich dadurch seine Zukunft verbaut, machte mich traurig. Welche Überraschung könnte es denn sonst sein? Oder hatte er vor, sein Studium zu beenden und ins Ausland zu gehen? Wollte er abbrechen und eine Ausbildung machen? Fragen über Fragen hatte ich, zahllose Gedanken quälten mich.

Dann war es eines Tages so weit. Ich stand grad unter der Dusche als mein Sohn sagte: „Heute kommt die Überraschung." Ich kam runter auf die Terrasse, wo er bereits mit seiner Freundin auf mich wartete. Ich sollte mich setzen. War es so schlimm, dass ich mich setzen musste? Ich sah beide an, meinen Sohn und seine Freundin. Beide grinsten. Plötzlich sah ich, dass er seinen Arm verbunden hatte. Ich erschrak: „Bist du verletzt? Was ist passiert?" Yannic machte den Verband ab und streckte mir seinen Arm entgegen. Ich sah hin und war sichtlich erleichtert. „Nur ein Tattoo! Und dass bei einer Spritzenangst." Yannic wusste, dass ich keine Tattoos mag, deshalb die Aussage: „Es wird dich nicht erfreuen". Er hatte sich einen schönen Text auf den Arm tätowieren lassen.

Unterdessen stehe ich Tattoos positiv gegenüber. Ich habe mittlerweile auch schon zwei. Eines am Arm und eines am Bein. Ein Tattoo bedeutet für mich: Etwas sichtbar machen, was mir wichtig ist.

Das Unwetter

Unsere Fahrräder waren beim Kundendienst in einer 20 Kilometer entfernten Stadt. Meine beiden Kinder und ich wurden mit dem Auto zu diesem Radhaus gefahren, um unsere runderneuerten Räder abzuholen. Es war ein schöner sommerlicher Tag. Die Temperatur war perfekt, um den Heimweg anzutreten. Meine Kinder waren damals noch klein und wir sahen diese Heimreise mit dem Rad als einen kleinen Ausflug an. Der Weg erstreckte sich hauptsächlich auf asphaltierten Radwegen. Links und rechts waren Wiesen und Wälder. Der Himmel war strahlend blau. Wir hatten richtig gute Laune. Während wir fuhren, sah ich mich einmal um und erschrak. Hinter uns war der Himmel nicht blau, sondern tiefschwarz. Da brodelte sich was zusammen. Ich sagte zu meinen Kindern, dass wir uns beeilen müssen. Blitzartig kam mir folgender Bibelvers in den Sinn: „Und muss ich auch durchs finstere Tal, ich fürchte kein Unheil! Du, Herr, bist bei mir; du schützt mich und du führst mich, das macht mir Mut." (Psalm 23,4) Ich muss gestehen, ich fürchtete mich sehr. Wir fuhren durch ein Dorf, in dem am Marktplatz ein großes Festzelt stand. Wir huschten hinein. Darin waren viele Bierbänke, aber kein einziger Mensch. Kaum waren wir drin, fing das Unwetter an. Es schüttete wie aus

Eimern. Blitz und Donner hörten wir. Wir waren in Sicherheit, im Trockenen. Um uns die Zeit zu vertreiben, spielten wir „Ich packe meinen Koffer". Es war recht amüsant. Durch diese Begebenheit habe ich gemerkt, dass Gott auf seine Kinder aufpasst. Was hätten wir gemacht, wenn dieses Festzelt nicht da gewesen wäre? Nach etwa zwei Stunden klarte sich der Himmel wieder auf und wir konnten unseren Heimweg weiter fortsetzen. Seitdem erinnere ich mich immer wieder an diese Situation, wenn sich der Himmel zu einem Gewitter verfinstert.

© Sandra Widulle

Purer Luxus

Auftanken ohne schlechtes Gewissen. Darf man das? – Ja, man darf.

Wie kann man bewusst genießen, abschalten, auftanken, während die to-do-Liste immer länger wird? Da ich für mein persönliches Auftanken selber verantwortlich bin, muss ich mir Oasen im Alltag schaffen, ganz unabhängig von der Arbeit, die auf mich wartet. Außerdem darf ich mein Auftanken von niemandem abhängig machen. Jeder sucht seine Oase woanders.

Meine Freundin Rosi sagte zu mir: Such dir jeden Tag ein kleines Glück. Und wie Recht sie hat! Für mich sind meine Oasen im Alltag, wenn ich mich zwischendurch an meinen PC setzen kann, um Mails- und Whats-appnachrichten zu lesen und zu schreiben. Auch das Schreiben für dieses Buch ist eine Oase, also ein Glück im Alltag. Im Sommer lege ich mich für 30 Minuten in die Sonne auf den Liegestuhl (ich stelle mir dazu die Eieruhr ☺) Im Winter gönne ich mir ein heißes Schaumbad in der Badewanne. Größere Oasen sind Treffen mit einer Freundin im Café, wir haben immer viel zu reden, oder ein Saunabesuch.

Darf man ohne schlechtes Gewissen solchen Luxus genießen? Ich arbeite auch noch daran, dies mit gutem Gewissen zu tun.

Nur ein Kuscheltier

Ich besitze viele Kuscheltiere und Handpuppen. Die meisten stammen aus meiner Kinderzeit, einige habe ich neu erworben. Keines ist mir wertvoller als der Teddybär, dem ich den Namen Teddy gab.

Teddy gehörte ursprünglich meiner älteren Schwester. Eines Tages gab sie ihn mir runter. Sie lag im Stockbett oben, ich unten. Warum sie mir den Teddybären gab, weiß ich nicht mehr. Vielleicht weinte ich und sie wollte mich trösten. Seitdem ist Teddy immer bei mir. In der Kindheit war er mein treuer Begleiter. Ob ich zur Oma fuhr, oder meine Tante besuchte, bei Kindergeburtstagen und Wochenendausflügen, Spaziergängen und Gottesdiensten, Teddy war immer dabei. Schlafen durfte er selbstverständlich in meinen Armen. Ohne Teddy wäre ein Schlafen für mich unmöglich gewesen. Meine Omi nähte und strickte wunderschöne Kleidung für ihn. So war mein Teddy immer passend angezogen. Hosenanzug, Strickjacke, Sommerkleid, Bademantel. Sogar eine Schultasche bekam er. Meine Schwester hatte auch einen Teddybären, das war Karin. Karin und Teddy waren Freunde und spielten miteinander. Ich hatte mit meiner Schwester zusammen eine schöne Kindheit. Wir konnten in den Spielen mit unseren

Kuscheltieren unsere selbst erlebten Erlebnisse widerspiegeln.

Teddy hatte ein helles Fell, Knopfaugen und eine große Schnauze. Beine und Arme waren sehr beweglich. Da ich Teddy sehr lieb hatte, litt sein Fell darunter. Er war total abgeliebt. Meine Omi war eine Meisterin im Nähen. So nahm sie eines Tages meinen Liebling und verpasste ihm ein neues Fell, das etwas dunkler, aber genauso weich wie das alte war. Für diese Aktion musste sie Arme und Beine abtrennen, um sie gut überziehen zu können. Ich erinnere mich noch genau. Abends als ich ins Bett ging, war nur der Kopf und der Körper fertig. Arme und Beine lagen noch am Arbeitsplatz. So nahm ich meinen halben Teddy liebevoll in den Arm und schlief mit ihm ein.

Jetzt, da ich bereits über 55 bin, begleitet mich mein Teddy immer noch. Klar, er darf nicht mehr überall mit hin. Aber er hat im Schlafzimmer einen bequemen Platz und er wird der aktuellen Jahreszeit entsprechend angezogen. Meine Schwester hat ihre Karin auch noch. Vor einiger Zeit fand ich im Briefkasten eine Postkarte: An Teddy von Karin. Da hat sich meine Schwester an unsere Kindheit erinnert und mir durch diese Postkarte eine Freude gemacht.

Manchmal kommt es mir vor, als ob ich für Gott wie Teddy oder Karin bin. Ich kann zu ihm kommen wie ich bin, er liebt mich. Er liebt mich mit schönem Kleid, kaputten Beinen, im Schlafanzug oder auch, wenn ich nur bequem in einem Sessel sitze. Auch wenn ich einen unvollkommenen Charakter oder eine gebrochene Seele habe, er baut mich auf und will mir ein neues Herz schenken.

© Stefan Grießhammer

Mit den Augen eines Kindes

Ich erinnere mich gerne an die Zeit, als meine Kinder klein waren. Ich habe die Jahre der Kleinkinderzeit genossen. Jetzt sind sie erwachsen und gehen selbständig ihren Weg, dennoch haben wir ein gutes Mutter-Kind-Verhältnis.

Meine Kinder wuchsen zum größten Teil ohne Handy und PC auf. Sie waren richtige Kinder. Sie liebten es im Garten zu spielen, mit den Fahrrädern, dem Roller, oder dem Puppenwagen unterwegs zu sein. Ich war viel mit ihnen spazieren. Ein Spaziergang ist mir noch sehr im Gedächtnis: Nach dem Mittagsschlaf machten wir uns auf den Weg zum Bäcker. Ein erwachsener Mensch braucht für diesen Weg circa eine viertel Stunde. Meine Tochter war zwei Jahre alt, mein Sohn fünf. Selina durfte im Kinderwagen sitzen und Yannic lief nebenher. Lange blieb Selina nicht sitzen, sie wollte laufen und alles genau betrachten. Wir liefen an vielen Gärten vorbei. Beide Kinder staunten über winzige Dinge: Steinchen, Blumen, Käfer, Ameisen, Spinnen. Sie genossen diese „Ausflüge" zum Bäcker, weil sie von allen Schönheiten, die sie auf dem Weg fanden, fasziniert waren. Auf unserem Weg kamen wir an einem Hof vorbei, in dem einige Hasen waren. Das gefiel meinen Kindern. Eifrig zupften sie Löwenzahn und Grashalme, die sie den kleinen Hasen durch das Gitter des Stalles gaben. Sie liebten diese Beschäftigung und wir hielten uns dort lange auf. Im Ganzen dauerte unser Spaziergang drei Stunden. Wir wollten eigentlich nur zum Bäcker gehen. Ja, wir brauchten ein Ziel. In diesem Fall war der Weg das Ziel.

Gott wusste, was wir in dieser Welt brauchen: Kinder, die uns auf Gottes Schöpfung hinweisen. Ich habe so viel über Gott erfahren, weil ich durch die Augen meiner Kinder auf kleine Kostbarkeiten aufmerksam wurde. Auch heute mache ich noch gerne einen „Kinderausflug". Bei uns im Dorf haben wir einen Weiher auf dem Enten schwimmen. Ich sammle kleine Brotstückchen und verfüttere diese an die Tiere. Mir macht das Freude!

Wir können viel von unseren kleinen Kindern lernen. Staunen über das, was die meisten nicht wahrnehmen. Das ist Gottes Welt. Freue dich darüber.

In der Bibel gibt es dazu einen passenden Text:

„Ich versichere euch: Wenn ihr euch nicht ändert und den Kindern gleich werdet, dann könnt ihr in Gottes neue Welt überhaupt nicht hineinkommen."

(Matthäus 18,3)

Die Spinne

Das war schon lange ein Wunsch von mir: Eine große Spinne anzufassen. Diese Tiere faszinieren mich. Eine ehemalige Freundin meines Schwagers hatte eine Vogelspinne als Haustier. Als ich zu Besuch bei ihr war, war ich enttäuscht. Denn ihre Spinne saß nur im Terrarium. Ich durfte sie nicht herausnehmen, Dann war ich zu Besuch bei Anna, einer Bekannten meines Vaters, und deren Enkelin. Zu meiner Freude stellte ich fest, dass die Enkelin eine Spinnenliebhaberin ist und diese auch züchtet. Das war sehr interessant. Ganz viele kleine Spinnenbabys hatte sie in ihrem Zimmer. Ich hatte somit eine gute Unterhaltung.

In meiner Stadt las ich ein Plakat: Spinnen- und Insektenausstellung. Da wollte ich hin. Keiner meiner Freunde wollte mit. Mein Sohn hat mich schließlich begleitet. Es hieß, es gäbe einen Streichelzoo. Da war ich nun gespannt. Aber es entpuppte sich ganz anders als ich es erhoffte. Als Streichelzoo bezeichnete man dort: Es wird einem eine Vogelspinne auf die Hand gesetzt. Aber nur für einen kleinen Augenblick. Mehr nicht. Kein Streicheln, kein auf dem Arm herumlaufen lassen. Ich war enttäuscht. Aber immerhin konnte ich eine Vogelspinne in der Hand halten. Ihre Pfoten, ja, ich nannte ihre behaarten Beine Pfoten, da sie sehr weich und zart waren. Es handelte sich um eine Vogelspinne, die mindergiftig ist und ein ruhiges Wesen hat.

Warum faszinieren mich Spinnen? Ich weiß es selber nicht genau. Vielleicht versuche ich herauszufinden, warum die meisten Menschen einen Ekel vor diesen Tieren haben. Selbst die kleinsten und harmlosesten Spinnen verursachen bei vielen Menschen einen Aufschrei. Ich kann dies nachvollziehen, wenn ich nur an eine Maus denke. Denn da nehme ich Reisaus und auf die Hand würde ich mir so ein Mäuschen niemals setzen lassen.

Ich bewundere Gottes Kreativität. Er hat so viele Tiere geschaffen. Und er hat sich sicher bei jedem Tier etwas gedacht. Kein Tier ist umsonst da. Aber es ist beeindruckend, dass jeder Mensch ein anderes Lieblingstier hat.

In der Bibel habe ich einen Vers gefunden, in dem von einer Spinne die Rede ist: „Er baut sein Haus wie eine Spinne und wie ein Wächter eine Hütte macht."
(Hiob 27,18 Luther)

Von Gott geführt?

Vor einiger Zeit hörte ich eine Predigt, da stellte Matthias, unser Prediger, folgende Frage in den Raum: „Führt uns Gott oder begleitet uns Gott?". Der Gedanke gefiel mir und ich beschäftigte mich mit der Beantwortung. Was heißt Führen? Als meine Kinder klein waren, nahm ich sie an der Hand und führte sie. Meine Tante, sie ist bereits 96 Jahre, bedarf auch einer Führung. Sie hakt sich bei mir ein und ich kann sie somit sicher führen. Ein Hund wird spazieren geführt. Ein Hirte führt seine Schafe auf die Wiese und auch der Bauer führt seine Kühe auf die Alm.

Was versteht man nun unter „begleiten"? Ich begleite meine Tochter beim Shoppen, oder besser gesagt, sie begleitet mich. Als mein Sohn seinen Führerschein machte und dann den Schein in der Hand hatte, begleitete ich ihn am Anfang als er am Steuer war. Ich begleitete meinen Vater zur Bank oder zu Ämtern um behilflich zu sein. Ich begleitete meine Kinder während der Kindergarten-, Schul- und Ausbildungszeit. Ich war immer für sie da. Ich stand ihnen bei.

Wie kann ich das nun auf Gott übertragen? Nimmt er mich bei der Hand? Führt er mich auf eine Wiese? Kann ich mich bei ihm einhaken? Ja, das kann ich, allerdings nur in Gedanken. Aber ich durfte auch schon seine Hand auf meinem Rücken spüren. Wirklich! (Ich berichtete davon in meinem Buch „Sternstunden und Glücks-momente") Da hat Gott mich geführt, bzw. geschoben. Führen heißt auch: Den Weg zeigen, Wegweiser sein, den Weg vorangehen, Gott zeigt mir den Weg, den ich gehen soll. Ob ich seinen Weg für mich erkenne, das ist eine andere Sache. Aber ich kann ihn bitten, dass er mir die Augen öffnet und ich somit seinen Weg erkenne, auf dem er mich führen will.

Was ist nun mit „begleiten"? Ich bin mir ganz sicher, dass Gott mich immer begleitet, egal wo ich hingehe. Er ist immer bei mir. Er muss nicht alles gut heißen, was ich mache, aber dabei ist er auf jeden Fall. Da gibt es ein ganz tolles Buch: „Paulis gute Taten". Pauli, ein kleiner Junge erzählt von seinen Erlebnissen und dass Gott immer unsichtbar neben ihm ist. Ich finde das so schön.

Ich lebe nach dem Gedanken, dass ich Gott immer an meiner Seite weiß und dass ich mich auf seine Führung und Begleitung verlassen darf. Ich möchte mich auch nur dorthin begeben, wo Gott gerne mitgeht.

„Der Herr ist mein Hirte, darum leide ich keine Not. Er bringt mich auf saftige Weiden, lässt mich ruhen am frischen Waser und gibt mir neue Kraft. Auf sicheren Wegen leitet er mich, dafür bürgt er mit seinen Namen." (Psalm 23, 1-3)

„Von allen Seiten umgibst du mich, ich bin ganz in deiner Hand". (Psalm 139, 5)

Das Überraschungspaket

Jeden Morgen lese ich in meinem Andachtsbuch eine Geschichte, die mir Kraft für den Tag geben soll. An manchen Tagen spricht mich der Text besonders an. An manchen berührt er mich nicht. Heute war die Überschrift der Andacht: „Das Überraschungspaket". Dieses Paket bekommt jeder Mensch jeden Tag geschenkt. Es sind die Kostbarkeiten, die das Leben schön machen und die uns unser himmlischer Vater schenkt: Das Vogelgezwitscher am Morgen, das Reh auf der Wiese, das wir sehen, wenn wir über Land fahren und der Schmetterling, der uns vor die Nase fliegt, die Sonne am Himmel, das Lächeln des Nachbarn und vieles mehr. Es gibt so viele Schätze, die wir jeden Tag geschenkt bekommen.

Und heute bekam ich noch ein zusätzliches Überraschungspaket. Der Paketzusteller brachte uns zwei Päckchen. Eines war adressiert an meine Tochter, auf dem anderen stand ein mir unbekannter Empfänger. Der Postangestellte gab mir zu verstehen, dass beide Päckchen für uns seien. Es lief mit der Adresse etwas schief. Ich verstand überhaupt nichts. Nahm aber trotzdem beide Päckchen entgegen. Ein Absender stand keiner darauf. Das eine gab ich meiner Tochter, die es gleich auspackte. Oh, wie schön: Eine Glossy-Box mit Kosmetika darin. Alles vom Allerfeinsten. Das andere trauten wir uns nicht auszupacken. Eben wegen der falschen Adresse.

Selina und ich forschten nach. Schauten im Internet nach dem Namen der darauf geschriebenen Adressen und siehe da: In Facebok fanden wir diesen Namen. Wir sahen, dass diese Person mit meinem Neffen befreundet ist. So kamen wir der Sache näher. Wir nahmen Kontakt zu Patrick auf, der uns aufklärte. Die beiden Päckchen seien von ihm. Eines für Selina, eines für mich (wir hatten kurz zuvor Geburtstag). Warum aber ein falscher Adressat darauf stand, versehe ich bis heute nicht. Ist auch nicht so wichtig. Jedenfalls freuten wir uns beide.

Wir beide bekamen eine wunderschöne Glossy-Box von Patrick geschenkt. Ich staunte an diesem Tag, denn die am Morgen gelesene Andacht mit dem Überraschungs-paket wurde, neben den Kostbarkeiten die Gott uns jeden Tag schenkt, Wirklichkeit.

Schafe

Schafe sind faszinierende Tiere. Es gibt sie in verschiedenen Farben: weiß, braun oder schwarz. Hast du das Fell schon mal angefasst? Bevor ein Schaf geschoren wird, ist das Fell ganz dick. Man kann seine Finger darin richtig vergraben. Ganz weich und fluffig ist es. Herrlich!

Mein Vater war in seiner Jugendzeit Schäfer. Er liebte diese Tiere. Er wusste, wie ein Schaf tickt, wie man die Klauen schneidet, wie man es schert und er war bei Geburten dabei. Die Liebe zu Schafen verbindet mich mit ihm. Und seit seinem Tod liebe ich diese Tiere noch mehr.

Der Text in der Bibel vom guten Hirten bedeutet mir sehr viel:

„Der Herr ist mein Hirte, darum leide ich keine Not. Er bringt mich auf saftige Weiden, lässt mich ruhen am frischen Wasser und gibt mir neue Kraft. Auf sicheren Wegen leitet er mich, dafür bürgt er mit seinem Namen. Und muss ich auch durch finsteres Tal – ich fürchte kein Unheil! Du, Herr, bist ja bei mir; du schützt mich und du führst mich, dass macht mir Mut. Vor den Augen meiner Feinde deckst du mir den Tisch; festlich nimmst du mich bei dir auf und füllst mir den Becher randvoll. Deine Güte und Liebe umgeben mich an jedem Tag; in deinem Haus darf ich bleiben mein Leben lang." (Psalm 23).

Ja, der Herr ist mein guter Hirte und ich möchte sein Schaf sein. Ich möchte in seiner Herde einen Platz haben und mich von ihm führen lassen.

Als ich in Thüringen Urlaub machte und mit dem Auto durch die Landschaft fuhr, sah ich viele Schafherden. Bei einer großen Herde blieb ich stehen, um mit dem Hirten zu reden. Ich staunte, als er mir sagte, seine Herde bestehe aus 100 Schafen. Wow, herrlich! So eine Herde zu sehen, zu beobachten ist Balsam für meine Seele. Die Tiere grasen vor sich hin, schubsen das Nebenschaf, blöcken, reißen vor dem Hund aus und haben immer ein Auge auf den Hirten.

Wenn du einmal eine Schafherde siehst, dann schau genau hin. Verweile und fühle dich geborgen in der Herde Gottes. Gott ist unser Hirte!

©Werner Habermann

Neue Wohnung

Nun war es soweit und ich suchte eine neue Wohnung für mich. Als ich anfing zu suchen, wusste ich noch nicht, in welchem Ort ich wohnen möchte. Es war auch abhängig davon, wo ich eine Arbeit finden werde. Ich legte alles in Gottes Hand. Was ich wusste, war folgendes: Ich möchte auf keinen Fall in einem kleinen Loch wohnen. Ich möchte eine Badewanne und einen Balkon, der mindestens so groß ist, dass ein Liegestuhl darauf passt. Wenn ich mich schon von meinem Haus und meinem geliebten Garten verabschieden muss, dann möchte ich wenigstens einigermaßen schön wohnen. Die Wohnungssuche erstreckte sich über einige Wochen. Ich redete mit vielen Freunden darüber und mir wurden auch viele Wohnungen angeboten. Aber keine war dabei, bei der ich mich auf der Stelle zu Hause fühlte. Entweder war sie klein, im Dachgeschoss, ohne Badewanne, ohne Balkon, ohne Küche, zu teuer oder in einer schlechten Gegend. Dann erzählte ich einer Bankangestellten davon und diese nannte mir ihre Freundin, die derzeit einen Nachmieter für eine Dreizimmerwohnung suche. Ich hatte die Gelegenheit, diese Wohnung zeitnah zu besichtigen und ich war begeistert! Es war alles da, was ich mir gewünscht habe: Badewanne, großer Balkon, geräumige Zimmer. Gott meinte es gut mit mir. Er gab mir noch viel mehr. Zu der Wohnung gehört ein großer Keller, Waschhaus, Trockenraum, Garage für mein E-Bike, Dachboden und ein Garten. In meinem Andachtsbuch las ich einige Zeit später eine Andacht, die zeigt, dass Gott alles plant. Da heißt es: „Komm in freudiger Erwartung zu mir, und rechne damit, dass du alles bekommst, was du brauchst. Manchmal sogar viel mehr!" Ich konnte es nicht fassen. Gott wusste, was ich brauche, um ein neues glückliches Leben aufzubauen.

© Sandra Widulle

Das Kleid

Ich war total glücklich! Ja echt! Ich strahlte bestimmt nicht nur innerlich. Ich glaube, man sah es mir an, dass ich Grund zur Freude hatte. Was war geschehen?

Einige Wochen zuvor begegnete ich Irina. Sie hatte ein hübsches, grünes Kleid an. Ich war begeistert. Das wollte ich auch hatte. Sogleich fragte ich, wo sie es gekauft habe. Aha, beim C&A in Fürth. Na gut, nach Fürth komme ich nicht. Aber in Ansbach gibt es auch einen C&A. Wenn ich wieder mal dort bin, schaue ich in den Laden.

Nach ein paar Tagen war ich in Ansbach. Ich fragte die Verkäuferin nach dem grünen Kleid. Sie hatte keine Ahnung. Ich war traurig. Dann, als ich in Schwabach war, entdeckte ich im Einkaufszentrum, dass es dort auch einen C&A gibt. Ich sauste hinein, fragte die erste Verkäuferin, die mir über den Weg lief nach dem grünen Kleid mit langen Armen. „Ja, das haben wir. Ich hole es Ihnen", sagte sie freundlich. Und siehe da, genau dieses Kleid war es. Ich verschwand damit sofort in der Umkleidekabine. Es passte! Es sah nicht nur an Irina, sondern auch an mir gut aus und der Preis war auch erschwinglich. Freudestrahlend trug ich es in der Einkaufstasche nach Hause. Danke, lieber Gott, für diese kleine Freude, die meinen Alltag erhellt hat.

Der Stein

Heute war ein Gottesdienst, der von der Jugendgruppe organisiert wurde. Ich bin von unseren jungen Menschen begeistert. Die Predigt wurde von Michi, Christian und Nadine übernommen. Sie sind voll von guten Gedanken, die alle sehr aussagekräftig sind. Man merkt richtig, dass Gottes Liebe in ihnen wirkt. Am Schluss des Gottesdienstes sollte jeder Besucher einen Stein mit einem Bibelvers darauf bekommen. Ich fand die Idee toll, denn Steine sind für mich etwas Besonderes.

Als der Gottesdienst zu Ende war, sauste ich schnell aus dem Saal, denn ich hatte im Kinderraum noch etwas zu erledigen. Am Ausgang sagte ich: „Ich hole mir nachher einen Stein."

Als ich mit meinen Erledigungen fertig war, ging ich auf das Mädchen am Ausgang zu, die mir bereits einen Stein entgegenhielt. „Danke", sagte ich. „1. Könige 2,3" stand darauf. Zuhause schlug ich meine Bibel auf und staunte nicht schlecht. Das war genau der Vers, den ich brauchte: „Achte stets darauf, dass du so lebst wie der Herr, dein Gott, es haben will. Befolge alle seine Gebote und Anweisungen, die im Gesetzbuch Moses aufgeschrieben sind. Dann wirst du Erfolg haben in allem, was du planst und unternimmst". Ich soll so leben, wie Gott es haben will. Das war deutlich! Ich bin mir ganz sicher, dass ich genau diesen Stein bekommen musste. Gott meint es gut mit mir.

Meine Freundin Gisela berichtete mir ein ähnliches Erlebnis. Sie war auch bei diesem Gottesdienst und auch ihr wurde von einer Jugendlichen ein Stein in die Hand gelegt. Als Gisela den Bibelvers, der auf dem Stein stand, sah, "erschrak" sie. Nein, sie war überrascht. Die Jugendliche sah ihr Erstaunen und wollte schon einen anderen Stein mit einem anderen Vers für Gisela holen. „Nein", sagte sie, „genau diesen will ich!" Warum? Der Bibelvers Hiob 19,25 war der Lieblingsvers von ihrem Mann Georg, der einige Monate zuvor verstorben war. Sie freute sich, denn durch diesen Stein und durch den Spruch, war sie mit ihrem Mann verbunden.

Ich staune immer wieder, wie Gott in unser Leben eingreift.

Die Schildkröte

Es war ein schöner Sommerabend und ich lief zur Eisdiele, um mir ein Eis zu kaufen. Genussvoll schleckend machte ich mich mit meinem Eis in der Hand wieder auf den Heimweg. Ich lief an einem schönen Weiher vorbei. Mir kamen Menschen entgegen, die ebenfalls die Eisdiele ansteuerten und dann sah ich sie: Eine Schildkröte. Ach, dachte ich mir, was machst du hier? Du hast dich sicher verlaufen. Da mir Schildkröten schon seit längerer Zeit gefallen, freute ich mich über diese Begegnung sehr. Ich hob sie auf, mit einer Hand, denn in der anderen Hand hatte ich ja noch mein Eis und begutachtete sie erst einmal. Ich behaupte zu sagen, dass sie mich anlächelte. Ich nahm sie mit nach Hause, setze sie in einen Karton und rief bei Freunden an, die ebenfalls Schildkrötenliebhaber sind, um mich zu erkundigen, was so ein Tier frisst. Mir wurde gesagt, sie essen Löwenzahn und Tomaten. Tomaten hatte ich im Kühlschrank, Löwenzahn fand ich auf der Wiese in meinem Garten auch. Es war ein richtiges Vergnügen für mich, diese Schildkröte bei mir zu haben. Aber ich wusste, ich kann sie nicht behalten. So schrieb ich einige Zettel, die ich aushängen wollte und sprach mit meiner Nachbarin. Sie wohnt schon länger hier und weiß eventuell, wer eine Schildkröte besitzt. Nun ja, da ich dieses liebe Tier auf dem Pausenhof der Realschule fand, ging ich am nächsten Morgen in die Schule und fragte dort nach und hing meine Zettel auf. Auch im Radio machte ich eine Bekanntgabe.

Es war ein Donnerstag, als mir dieses Tier zulief und am Sonntag wollte ich in den Urlaub fahren. Ich wünschte, dass ich Schildi, wie ich sie nannte, bis dahin an ihren Besitzer übergeben könne.

Da sich leider niemand bei mir meldete, brachte ich Schildi am Samstag ins nahegelegene Tierheim, wo sie mit Freuden aufgenommen wurde. Eine Schildkröte wird nämlich selten dort abgegeben. Meistens Katzen oder andere übliche Haustiere.

Und dann, am Samstagabend bekam ich einen Anruf: „Sie haben unsere Schildkröte gefunden?" Ja, tatsächlich, da gab es jemanden, der sie vermisste. Ich erklärte, dass sie bereits im Tierheim ist und dass sie sich dahin wenden müssen. Außerdem machten wir aus, dass ich mich nach meinem Urlaub bei ihnen melde, um Schildi zu besuchen.

So war es dann auch. Ein paar Tage nach meinem schönen Urlaub in der Lüneburger Heide, besuchte ich Klara, so heißt die Schildkröte tatsächlich. Ich freute mich sehr, sie wieder zu sehen und vor allem auch, dass ich der Familie, der die Schildkröte entlaufen ist, helfen konnte, ihr Haustier wieder zu bekommen. Ich sage auch: Dank großer Gott, dass du mir ein bisschen Zeit mit einer Schildkröte geschenkt hast und dass ich dadurch mit neuen Nachbarn in Kontakt gekommen bin. Ich darf jederzeit kommen, um Klara zu besuchen. Schildkröten sind faszinierende Tiere. Es sind keine Tiere, die man in den Arm nimmt und sie streichelt. Man kann sie beobachten, wie sie fressen, laufen und sogar rennen.

© Beate Härdter

Für Gott ist nichts unmöglich

Es war ein Sabbat und ich war beim Gottesdienst. Da ich traurig und verärgert war, war es kein guter Tag. Ich hatte mit verschiedenen Sorgen zu kämpfen. Die Frage, warum Gott mir so viel Last auferlegt, quälte mich. Nachmittags war ich zu Hause und legte mir meine Lieblingsmusik von Adonia ein und sang mit. Das kann ich mit voller Hingabe machen. Das tut mir gut. Ich stand dabei am Fenster und schaute hinaus. Immer wieder kullerte eine Träne über meine Wangen. Es war bewölkt, aber kein Regen in Sicht. Was ich dann erlebt habe, war einmalig. Gott ist mit mir. Ich bin mir ganz sicher. Ich habe ihn erlebt. Er hat sich mir gezeigt.
Der Himmel war grau. Ich dachte während des Singens: Ein Regenbogen wäre jetzt schön. Ich sah zum Himmel und da kam er ganz sacht: Der Regenbogen! Wie aus dem nichts. Mein Herz war ganz weit offen. Tränen kamen und ich konnte es kaum glauben. Ich weinte vor Freude! Ein Regenbogen ist für mich immer ein Zeichen, dass Gott da ist. Er war nur ganz kurz da. Nur für mich! Und ganz zart. DANKE, Gott!
Ich bin überwältigt von Gottes Liebe zu mir. Er gibt mir seine Kraft. Auch wenn alles zu Ende scheint, Gott ist da. Er ist bei mir, auch wenn ich es nicht immer spüre. Hier der Text des Liedes:

Wenn alles zu Ende ist, wenn die Nacht hereingebrochen ist, wenn es keine Lösung gibt und die letzte Hoffnung stirbt. Wenn alles verloren scheint, wenn die Trauer sich mit Wut vereint, sind die Berge viel zu hoch und der Abgrund viel zu tief.

Gott hat das letzte Wort, dort wo das Ende droht, setzt er seinen Plan mit uns Menschen fort. Gott hat das letzte Wort, er wendet deine Not und dann wird das Kreuz dir zum Hoffnungsort. Denn Gott hat die Übersicht, er hält immer, was er uns verspricht. Und darum traue ich auch dann, wenn ich selber nicht mehr kann

Gott hat das letzte Wort, dort wo das Ende droht, setzt er seinen Plan mit uns Menschen fort. Gott hat das letzte Wort, er wendet deine Not und dann wird das Kreuz dir zum Hoffnungsort.

Er ist der Möglichmacher der Überwinder, der Alleskönner, der Todbezwinger, er ist der Sorgen-kenner, der Sehnsuchtsstiller, der Chancengeber, der Worterfüller.

Gib nicht auf! Gib nicht auf! Gib nicht auf! Gib nicht auf!

Text: Markus Heusser, mit freundlicher Genehmigung des Adonia Verlags, Karlsruhe

Gott meint es gut mit mir

Als ich mit meiner Ausbildung zur Kinderpflegerin begann, war ich zu diesem Zeitpunkt schon etwas über 50 Jahre, befand mich in Trennung von Haus und Mann, zog gerade um und ich aß sehr wenig.

Essen war sowieso noch nie meine Leidenschaft, es ist für mich lediglich lebenserhaltend. Aber warum aß ich so wenig? Nun ja, es war alles so stressig. Schule, Lernen, Vollzeitarbeit, Umzug, Anwälte…. Das Lernen fiel mir schwer. Aus dem Lernmodus war ich schließlich schon einige Jahre draußen. Nach Feierabend setzte ich mich immer gleich an den Schreibtisch und lernte Fach für Fach. Zum Essen nahm ich mir keine Zeit. Ich vermisste die Mahlzeiten keineswegs. Ein Stück Brot oder eine Banane reichten völlig aus.

Eines Tages sprach mich meine Chefin an. Sie meinte, ich sehe schlecht aus. Ich sei so schmal geworden. Sie fragte: „Sandra, isst du überhaupt etwas?". Fast unter Tränen sagte ich: „Nein, ich esse kaum etwas". Meine Chefin hatte ein gutes Herz, auch wenn sie sonst einen sehr strengen Eindruck machte. Sie bot mir an, im Kindergarten am Mittagessen mitessen zu dürfen. Und ich musste nichts dafür bezahlen. Ich konnte es kaum glauben. Dankend nahm ich dieses Angebot an. So konnte ich während meiner Ausbildung mittags immer eine warme Mahlzeit zu mir nehmen.

Gott meinte es gut mit mir!

An den Wochenenden haben mir Kleinigkeiten genügt oder ich war bei Freunden eingeladen. So war ich auch da gut versorgt.

Gott meinte es gut mit mir!

Als ich mit der Ausbildung fertig war, dachte ich, dass ich wohl doch ab und zu mal kochen müsste. Ich möchte hier erwähnen, dass ich sehr ungern koche. Aber auch hier zeigte sich, dass Gott ein Auge auf mich hatte. Denn in dem Kindergarten, in dem ich eine Anstellung fand, kann ich sehr oft mit den Kindern vom Catering-Essen mitessen. Das ist wunderbar. Und oft bleibt Essen übrig, so dass ich für abends oder das Wochenende etwas mitnehmen kann.

Gott meint es gut mit mir!

Auch in meiner Mietwohnung spüre ich Gottes Liebe und Fürsorge. Mein Vermieter überschüttet mich im wahrsten Sinne des Wortes mit vielen leckeren Äpfeln, Birnen und sogar Mirabellen aus seinem Garten. So gibt es oft Pfannkuchen mit Apfelstückchen, apple crumble, Apfelküchle, Marmelade und Apfelmus. Von einer Nachbarin bekomme ich in der Erntezeit Pfirsiche aus ihrem Garten.

Gott meint es gut mit mir!

Auch meine liebe Hausmitbewohnerin steht öfters vor

meiner Wohnungstür mit einem Topf Kürbissuppe.

Gott meint es gut mit mir!

Warum sollte ich mir Sorgen machen?

In der Bibel steht: „Darum sage ich euch: Macht euch keine Sorgen um euer Leben, ob ihr etwas zu essen oder trinken habt, und um euern Leib, ob ihr etwas anzuziehen habt. Das Leben ist mehr als Essen und Trinken, und der Leib mehr als die Kleidung."
(Matthäus 6,25)

© Sandra Widulle

Ein wunderschöner Saunatag

Heute hatte ich einen herrlichen Tag. Ich war in der Sauna. Solche Tage sind für mich immer ein Hochgenuss, aber der heutige Tag war einmalig. Nein, ich habe nicht meinen Traummann getroffen. Mich sprach die Dame, die in der Liege neben mir lag, an: „Sind sie Christin?" Als ich mit „Ja" antwortete, sagte sie, sie habe meine Armbänder gesehen und gelesen, dass da „VON GOTT GELIEBT" draufsteht. Ich bin schon öfters wegen meinen bunten Bändern am Arm angesprochen worden, aber meist waren es nur kurze Gespräche. Diesmal wurde eine nette Unterhaltung daraus. Debby, so heißt sie, erzählte mir von ihrer Familie, ihrem kranken Mann, ihrem kleinen Sohn und dass sie die Zeit in der Sauna als Ausgleich für ihren Alltag nimmt.

Da ich zwei Armbänder mit jeweils dem gleichen Spruch habe, bot ich Daniela (Name geändert) an, ihr eines davon zu schenken. Sie wollte es erst nicht wahrhaben, dass ich ihr eines abgeben möchte. Ich hatte ein lila- und ein rosafarbenes. Sie suchte sich das rosa Band aus. Für mich war es eine Freude mit so einer Kleinigkeit einen Sonnenstrahl in das Herz dieser lieben Frau zu bringen. Debby und ich haben uns gegenseitig unsere Telefonnummern gegeben. Es hat sich eine kleine

Vertrautheit entwickelt, auch, weil wir festgestellt haben, dass wir beide Frank kennen, auch ein Saunagaast, mit dem wir beide unabhängig voneinander einmal ins Gespräch gekommen sind. Ebenso, weil uns ein Glaube an einen lieben Gott verbindet.

Zudem durfte ich an diesem Saunatag noch eine Freude erleben. Ich lag in der Stollensauna zum Aufguss, es war zwei Wochen vor Weihnachten und es wurden Weihnachtssongs gespielt. Unter anderem „Drei Nüsse für Aschenbrödel". Ach, wie freute ich mich. Mein Herz weitete sich. Ich war rundum glücklich.

Ich will!

Wie oft hört man folgende Sätze: „Ich muss noch die Wäsche waschen", „Ich muss heute noch einkaufen", „Ich muss in die Arbeit", „Ich muss das Kind vom Kindergarten abholen", „Ich muss Oma im Krankenhaus besuchen", und so weiter....

Ja, ich muss auch so vieles jeden Tag machen. Es fängt in aller Früh schon an: Ich muss lüften, mein Vesper für die Mittagspause vorbereiten, tanken, pünktlich bei meiner Arbeitsstätte sein, usw..

Ich habe darüber nachgedacht und festgestellt, dass dieses "muss" nicht schlimm ist. Da gibt es diesen Ausspruch: „Einen Scheiß muss ich". Auch wenn mir dieser Satz nicht gefällt, beinhaltet er doch etwas Wahres. Versuche es einmal selbst, alle Sätze die du mit einem "muss" sprichst, verändere in "will". Dann sieht die Welt schon viel freundlicher und positiver aus:

- Ich will die kalte Luft in mein Zimmer lassen, weil ich ein gutes Raumklima haben möchte.
- Ich will mir ein gutes Vesper für meine Pause machen, damit ich gestärkt weiter arbeiten kann.
- Ich will noch zur Tankstelle, damit ich Benzin im Auto habe und einen Ausflug machen kann.
- Ich will pünktlich bei meiner Arbeit sein, weil ich meine Arbeit gerne mache und dankbar bin, mein

Geld verdienen zu können.

- Ich will mein Kind vom Kindergarten abholen und den Nachmittag gemeinsam verbringen.
- Ich will meine Oma im Krankenhaus besuchen und ihr einen Blumenstrauß mitbringen.
- Ich will meine Wäsche waschen, weil es schön ist, frische Kleidung zu besitzen.
- Ich will zum Supermarkt und mir leckeres Essen kaufen, denn ich bin dankbar, dass ich die Möglichkeit dazu habe.
- Ich will meinen Kindern bei den Hausaufgaben helfen, weil ich möchte, dass sie gute Noten schreiben.
- Ich will meine Wohnung putzen, weil ich es gemütlich und sauber haben möchte.

Wenn du diese Challenge versuchst, wirst du merken, wie hell dein Leben wird. Versuche auch, das Wort "muss" aus deinem Sprachgebrauch zu entfernen.

Kindergarten

Nachdem ich meine Ausbildung zur Kinderpflegerin im Sozialpädagogischen Seminar absolviert und mit einer guten Note bestanden hatte, begann ich mein erstes Berufsjahr in Großhabersdorf. Beim Vorstellungsgespräch einige Monate vorher, fragte mich der Chef, ob ich abenteuerlustig sei, denn dies wäre von Vorteil. Mich reizte diese Stelle und ich bekam den Job.

Was ist so abenteuerlich daran? Ganz einfach, weil es diesen Kindergarten noch nicht gibt. Alles wäre neu. Das Haus, die Kinder, das Personal, alles müsse sich erst finden.

Mittlerweile ist ein Jahr vergangen und ich darf sagen: Es war ein gutes Jahr. Ja, es war spannend und abenteuerlich.

An meinem ersten Arbeitstag lernte ich erst einmal meine Kolleginnen kennen. Wir waren zu Beginn vier Arbeitskräfte. Und auch die Kinder kamen zum Eingewöhnen nach und nach.

Mit dem Bau der neuen Kindertagesstätte wurde allerdings bis heute nicht begonnen. Wir sind in einer Grundschule in einem Klassenzimmer mit ausrangierten Möbeln untergebracht. Alles recht primitiv.

Ich darf aber sagen, dass die Arbeit mit den Kindern mir sehr viel Freude bereitet, und ich habe mich gut eingearbeitet.

Mittlerweile sind wir gewachsen. Viele neue Kinder sind dazugekommen und weitere Kolleginnen wurden eingestellt. Ich bin mir sicher, dass ich am richtigen Platz bin. Es hat sich so eingespielt, dass ich den Mittagskreis leiten darf. Das bedeutet, es ist eine ruhige Zeit mit den Kindern. Ich bemühe mich, diese Zeit für die Kinder interessant zu gestalten. Mir ist es wichtig, dass die Kinder aktiv dabei sind. Es muss also eine Geschichte für alle Sinne erzählt werden. Dann ist es spannend und abwechslungsreich.

Ich darf ein Werkzeug in Gottes Hand sein, dies merke ich daran, dass ich eigenverantwortlich einen Bibelkreis mit den Kindern führen darf.

Es ist schön, dass ich den Kindergartenkindern von Gott erzählen darf.

Jakobsweg

Ich habe einige Freunde, die den Jakobsweg gelaufen sind. Meine Freundin aus Hessen lief sechs Wochen in Spanien. Insgesamt 950 Kilometer. Sie kam begeistert mit vielen Erfahrungen und Eindrücken zurück. Es war für mich interessant ihre Berichte anzuhören und in Gedanken ihren Weg mitzugehen. Andere Freunde sind den Jakobsweg in Portugal gegangen. Auch da bekam ich per social media immer wieder Nachrichten und konnte somit „live" dabei sein. Der Mann einer Freundin lief von zu Hause aus los, sein Start war seine Wohnungstür. Er macht das schon seit ein paar Jahren. Immer am Wochenende oder in seinem Urlaub. Mittlerweile ist er in Frankreich angekommen. Sein Ziel ist, wie für alle Pilger, Santiago de Compostela. Mich faszinierte auch die Motivation meiner Freunde, warum sie diesen Weg auf sich nahmen. Ich sah mir in YouTube viele Berichte von Pilgern an. Und es war interessant zu erfahren, warum man diesen Weg geht. Es lies mich nicht mehr los. Ich war begeistert und wollte es nun selber ausprobieren, ob ich diesen Weg auch gehen kann. Meine Motivation: Ich möchte wissen, ob ich minimalistisch leben und reisen kann. Als Pilger hat man alles, was man während der Reise benötigt in einem Rucksack und den muss man tragen. Auch wenn ich nur übers Wochenende zu einer Freundin fahre, habe ich meist einen Koffer dabei. Das geht beim Pilgern natürlich nicht.

Und so fing es langsam an. Ich las mich in die Wanderwege ein. Recherchierte wie und wo man startet und wie das mit den Etappen ist. Meine allererste Strecke, von meiner Haustür aus, startete ich an einem schönen Herbsttag. Hier begleitete mich meine Freundin Eri. Wir liefen immer der Muschel (Wanderwegzeichen des Jakobsweges) hinterher. Es war sehr gut ausgeschildert. Unser Ziel für diesen Tag war Großhaslach. Als wir dort ankamen, entschieden wir, dass wir noch einen Ort weiterlaufen. Also bis Reckersdorf. Das haben wir geschafft und drehten um, um den gleichen Weg wieder nach Hause zu laufen. Wir legten an meinem ersten offiziellen Pilgertag zehn Kilometer zurück.

Nun steckte ich mit meiner Begeisterung meine Freundin Meli an. Und wir beschlossen, dass wir es gemeinsam wagen möchten, den Jakobsweg weiterzugehen. Ich hatte den Anfang bereits gemacht. Und so kam es, dass wir uns in einem Outdoorladen trafen, um uns einen geeigneten Rucksack zu kaufen.

Unsere erste Tour war eine Tagesetappe: Reckersdorf bis Lehrberg. Wir stellten ein Auto an unser Ziel und fuhren mit einem anderen Auto zum Start. Und los ging es. Wie gesagt, immer der Muschel folgen.

Und so folgten weitere Tagesetappen, bis wir schließlich in Rothenburg angekommen waren. Unsere längste Strecke war bis dahin 27 Kilometer. Unterdessen sind wir der Meinung, dass alles unter zehn Kilometer ein Spaziergang ist.

Dann stand unsere erste Drei-Tages-Tour an: Rothenburg bis ins schwäbische Crailsheim. Wir waren gut vorbereitet. Der Rucksack war gepackt, meiner wog inklusive Getränke 7,25 Kilogramm. Unsere Unterkünfte waren gebucht und so mussten wir unsere jeweilige Tagesetappe erreichen. Am ersten Tag liefen wir 21 Kilometer. Das Wetter war herrlich, die Wege super. Nach einer entspannten Nacht ging es weiter. Am zweiten Tag haben wir uns eine kleine Strecke ausgesucht, so liefen wir nur acht Kilometer. Es war herrlich. Das Fantastischste an diesem Tag war, dass wir an riesengroßen Erdbeerfeldern vorbeikamen. Diese roten Erdbeeren lächelten uns an. Wir pflückten einige und genossen den süßen Geschmack.

Die letzte Etappe unserer Reise war 16 Kilometer. Es war eine wunderschöne Strecke. Viel durch Wälder und über Wiesen. Wir kamen an einer schönen Mühle vorbei, die einlud Fotos zu machen.

In Crailsheim marschierten wir zuerst zur Kirche, um uns für unseren Pilgerpass den Stempel zu holen. Dann ging es auch gleich zum Bahnhof. Mit dem Zug fuhren wir nach Rothenburg, unserem Ausgangsort, zurück. Wir genossen noch ein leckeres Eis und ließen die vergangenen Tage in Gedanken Revue passieren.

Wie war es nun mit dem Rucksack? Wie ist es mit dem minimalistischen Unterwegssein? Da wir in schönen Unterkünften waren und die Handtücher gestellt bekamen (und sogar einen Föhn), kann ich sagen, es ist machbar. Spannend wird es dann, wenn wir in Pilgerunterkünften schlafen und wir sogar einen Schlafsack mitnehmen müssen.

Nun freuen wir uns auf unsere nächste Pilgerreise. Dann wollen wir acht Tage unterwegs sein, 140 Kilometer.

© Christine Graser

Lieblingstext

Meine Erwartung, Freude und Hoffnung auf die Wiederkunft Jesu und die neue Erde bei Gott spiegelt sich in meinem Lieblingstext 2. Korinther 4, 16 - 18, wider: „Darum verliere ich nicht den Mut. Die Lebenskräfte, die ich von Natur aus habe, werden aufgerieben, aber das Leben, das Gott mir schenkt, erneuert sich jeden Tag. Die Leiden, die ich jetzt ertragen muss, wiegen nicht schwer und gehen vorüber. Sie werden mir eine Herrlichkeit bringen, die alle Vorstellungen übersteigt und kein Ende hat. Ich baue nicht auf das Sichtbare, sondern auf das, was jetzt noch niemand sehen kann. Denn was wir jetzt sehen, besteht nur eine gewisse Zeit. Das Unsichtbare aber bleibt ewig bestehen". Ich freue mich auf ein glückliches Leben, in dem ich keine Angst und keine Sorgen mehr haben werde. Ich werde frei sein und unbekümmert leben können. Auch freue ich mich in Frieden mit Menschen zusammen leben zu dürfen, die genau wie ich, sich nach Harmonie sehnen. Ich möchte hier auf Erden jeden Moment bereit sein, wenn sich der Himmel öffnet, auf Gottes Schoß sitzen darf und er mir meine Tränen trocknet, dann weiß ich, dass ich am Ziel bin. Voller Freude werde ich das „Schokoladenstück" nehmen, das er mir auf mein Kopfkissen gelegt hat.

Allerdings beziehe ich diesen Text nicht ausschließlich auf die neue Erde, sondern auch auf jeden einzelnen Tag. Wenn ich morgens aufwache, ist der Tag noch unsichtbar. Alles, was ich an dem Tag "erleiden" muss, geht vorüber. Und abends darf ich in mein Bett. Der Text begleitete mich in den letzten Jahren extrem. Ich erlitt viel Unschönes. Alles ging vorüber, ob ich schon bei meiner Herrlichkeit angekommen bin, weiß ich nicht. Ich glaube nicht. Gott hat noch viel für mich auf Lager. Eines Tages werde ich erfahren, warum mein Weg so verlief, wie er eben war. Alles hat seinen Grund. Der Text ist auch gut für Menschen, die nicht an eine neue Erde glauben, denn an den bevorstehenden unsichtbaren Tag glaubt jeder der morgens aufsteht.

Mein Tattoo

Schon lange spielte ich mit dem Gedanken, mir ein Tattoo stechen zu lassen. Ich wollte ein sichtbares Zeichen nach außen tragen. So habe ich mir meine Vorstellung von Natalie zeichnen lassen. Sie wusste nicht, wofür ich dieses Bild brauchte.

Meine Vorlage war fertig und ich machte mit dem Tatoostudio einen Termin aus. Ich wollte meinen Sohn mitnehmen. Schließlich hatte ich vor dem Stechen Angst und ich dachte, mein Sohn wäre mir eine Unterstützung. Er hatte sich vor einigen Jahren auch ein Tattoo am Arm machen lassen.

Ich wollte meinem Sohn aber nichts davon erzählen. Ich sagte nur zu ihm: „Yannic, ich brauche dich an diesem Tag X. Nehme dir da bitte nichts vor. Du musst mich irgendwohin begleiten." Es war alles klar. Aber an dem besagten Tag, rief er mich an, er schaffe es nicht rechtzeitig. So ein Mist! Na gut, ich gab ihm die Adresse und er solle nachkommen. Ich fuhr somit allein zum Studio und legte mich dort auf die Liege und es konnte losgehen.

Mein Sohn kam dann etwas später. Er wusste nur die Adresse und nicht, dass ich in einem Tattoostudio einen Termin hatte. Ich weiß bis heute nicht, was er sich gedacht hatte, was ich mit ihm vorhabe.

Jedenfalls lag ich auf der Liege als die Türe langsam aufging und ein fragendes „Mama?" zu hören war. Yannic sah mich und setzte sich sichtlich erleichtert neben mich. Ich sagte nur: „Jetzt sind wir quitt."

Als er sich sein Tattoo hat machen lassen, da spannte er mich ja richtig auf die Folter, deshalb wollte ich ihm von meinem Tattovorhaben nichts erzählen. Ich wollte ihm eine Retourkutsche geben.

Für mein Tattoo habe ich mir den Unterarm ausgesucht. So trage ich nun meinen Lieblingstext, ein Schaf und Sonnenstrahlen auf der Haut.

Den Text, der mir Kraft und Mut zuspricht, jeden Tag zu bestreiten. Jeder Tag ist am Morgen noch unsichtbar und kann schönes hervorbringen.

Das Schaf ist als Erinnerung an meinen verstorbenen Papi. Er liebte Schafe.

Die Sonnenstrahlen sagen aus, dass ich ein Sonnenmensch bin und die Wärme liebe.

Ein paar Monate nach meinem ersten Tattoo habe ich mir am Fuß eine Jakobsmuschel tätowieren lassen. Als Zeichen für meine Lust, auf neuen unbekannten Wegen zu gehen.

Corona-Krise

Es ist April 2020. Bereits seit sechs Wochen herrscht eine Weltkrise: Corona. Ein Virus, der sich schnell verbreitet, sodass die Menschen davor geschützt werden müssen. Es wurden Maßnahmen ergriffen, die den sozialen Kontakt zwischen den Menschen einschränkt. Ausgangsbeschränkung wurde angeordnet. Mundschutz tragen, verstärkte Hygienevorschriften, Mindestabstand zum Nächsten. Das Leben ist seit Mitte März nicht mehr das, was es einmal war. Jeder ist irgendwie ein Einzelkämpfer.

Ich arbeite im Kindergarten und auch da herrscht seitdem nur noch ein Notbetreuungsbetrieb. Kinder, deren Eltern in systemrelevanten Berufen arbeiten, dürfen in die Einrichtung gebracht werden. Mit Mundschutz und Handschuhen werden die Kinder entgegengenommen. Gezielte Angebote mit den Kindern machen ist nicht gestattet. Die Kinder sollen sich weitgehend selbst beschäftigen. Nicht leicht für Kinder und Personal.

Dennoch sehe ich in der ganzen Situation auch etwas Positives. Da ich in einem Kindergarten arbeite, der noch am Entstehen ist, haben wir nun die Zeit und die Möglichkeit, Konzepte auszuarbeiten, die Räume schön zu gestalten, Angebote vorzubereiten, Pläne zu schreiben und vieles mehr. Wir sind ein vier-köpfiges Team und wechseln uns mit Homeoffice ab. Zuhause habe ich die Möglichkeit in aller Ruhe ein Konzept für einen Bibelkreis zu erarbeiten. Ich arbeite in einem evangelischen Kindergarten und es ist gewünscht, den Kindern Gott und die Bibel näher zu bringen. Das ist genau mein Part, meine Begabung. Dank dieser Corona-Krise habe ich nun die Zeit, für die Kinder Stundenkonzepte zu entwickeln, in denen sie die Liebe Gottes kennenlernen können.

Ich danke Gott, dass er mich genau in diesen Kindergarten geschickt hat und dass ich Kolleginnen habe, die andere Qualitäten haben und sich dort verausgaben können.

Ich bitte Gott, dass er diese Krise beenden wird und wir gestärkt daraus hervorgehen, dass wir unsere Mitmenschen wieder in die Arme nehmen dürfen und dass wir sagen können: Ja, wir haben diesen Virus besiegt.

Fliegenpilze

Ich habe es mir zur Gewohnheit gemacht, in WhatsApp und Instagram die Statusbilder meiner Freunde anzuschauen. Auch ich selbst stelle jeden Tag mindestens ein Bild ein. Es ist eine schöne Sache. Auf diese Weise lernt man sich besser kennen. Man sieht die Gedanken, Erlebnisse und Begebenheiten seiner Mitmenschen dadurch mit anderen Augen. Klar, man weiß nie, ob alles der Wahrheit entspricht, ob die Bilder selbst aufgenommen wurden oder ob die Texte ehrlich gemeint sind. Sehr oft komme ich durch diese Statusbilder ins Gespräch mit derjenigen Person. Ich liebe es, wenn meine Freunde von ihren Ausflügen und Urlauben Bilder posten. Auf diese Weise ist man sich nahe, auch wenn man einige Kilometer entfernt ist.

So sah ich vor kurzem ein wunderschönes Foto einer Bekannten, das im Wald fotografiert wurde. Ein Fliegenpilz. Ich war von der Schönheit dieser Schöpfung begeistert. Ein kleiner unscheinbarer Pilz mit einer rotleuchtenden Kappe und vielen weißen, etwas erhabenen Punkten. Am selben Tag postete noch ein Freund auch so einen Fliegenpilz. Ich wurde fast neidisch. Ich wollte auch so einen hübschen Pilz in natura sehen. Oft laufe ich durch den Wald, fotografiere Blätter, Eicheln, Beeren und auch viele

Pilze. Aber eben keinen Fliegenpilz.

Eines Tages, es war am späten Nachmittag, entschloss ich eine kleine Radtour zu unternehmen. Ich radelte teilweise durch den Wald, teilweise auf der Straße.

Als ich so auf der Straße radelte, links und rechts der Wald, musste ich auf einmal blitzartig stehen bleiben. Denn was ich da auf der Seite sah, erfreute mein Herz. Ich stieg vom Rad ab und begab mich die Böschung hinunter. Ich traute meinen Augen kaum! Da standen ganz viele Fliegenpilze! Mindestens zwanzig Stück. Ich war begeistert. Das hat mir wieder einmal gezeigt, dass Gott mehr gibt, als ich mir wünsche.

© Stefan Grießhammer

Meine Challenge

Seit einigen Monaten habe ich das Laufen für mich entdeckt. Angesteckt wurde ich im Urlaub von meiner Freundin Melitta. Sie joggte jeden Morgen am Strand entlang. Da ich, genau wie sie, eine Frühaufsteherin bin und den Morgen liebe, lief ich einmal mit ihr mit. Allerdings konnte ich mit ihrem Tempo nicht mithalten, aber ich hatte Gefallen daran gefunden und führte das Laufen zu Hause fort. Da mein Sohn ebenfalls ein begeisterter Läufer ist, reizte es mich umso mehr diese Art Bewegung auszubauen. Denn vielleicht, so dachte ich, könnte ich mit meinem Sohn eines Tages an einem Lauf-Event teilnehmen.

Ich entdeckte eine schöne Laufstrecke im Wald. Fünf Kilometer nahm ich mir immer vor und ich staunte nicht schlecht, denn ich schaffte die Strecke in gut 35 Minuten, trotz meiner jahrelangen Unsportlichkeit.

Ich war mittlerweile so begeistert, dass ich meine sportliche Art kennengelernt habe und erstellte meine eigene Challenge. Ich nahm mir vor, jeden Tag fünf Kilometer zu laufen, drei Kilometer zu gehen oder zehn Kilometer mit dem Rad zu fahren. Ich konnte diese Challenge gut durchziehen.

Dann fingen Schmerzen in der Ferse an. Eine Entzündung, eine Überbelastung. Nun, ich dachte, der

Mensch ist doch zum Laufen geschaffen. So nach dem Motto: „Der Mensch läuft, der Vogel fliegt, der Fisch schwimmt".

Ich änderte meine Challenge in eine Wochenetappe: Pro Woche wollte ich nun fünf Kilometer laufen, zehn Kilometer gehen und dreißig Kilometer Radfahren.

Es machte mir richtig Freude mich in der Natur zu bewegen, neue Wege zu entdecken und meine Lauf- Geh- und Radelerlebnisse mit meinen Freunden zu teilen.

Nach einem Jahr dieser Challenge veränderte sich meine sportliche Ader. Ich laufe nun öfter meine fünf Kilometer und gehe weit mehr als nur 10 Kilometer pro Woche. Wenn das Wetter es zulässt, radel ich fast jeden Nachmittag.

Mein Bibelkreis

In meiner Arbeitsstätte, in einem evangelischen Kindergarten, darf ich eigenverantwortlich einen Bibelkreis mit den Kindern durchführen. Das Konzept dazu habe ich selbst geschrieben. Meine langjährige Erfahrung in meiner Kirchengemeinde als Leiterin der Kleinkindergruppe und meine Ausbildung zur kirchlichen Kinderpädagogin waren mir dabei eine sehr große Hilfe. Im Kindergarten möchte ich behutsam in dieses Thema einsteigen und so habe ich die ersten beiden Stunden recht kurz konzipiert. Zunächst werde ich den Kindern erklären, dass es einen Gott gibt, der uns alle liebhat und der immer für uns da ist. Gott ist wie ein Hirte zu uns. Ein Hirte passt auf seine Schafe auf. Und so dürfen die Kinder ein aus Papier ausgeschnittenes Schaf, das mit jedem seinem Namen versehen ist, auf ein grünes Plakat kleben. Und jedes Mal, wenn wir uns zum Bibelkreis treffen, ist das Plakat ein Bestandteil der Stunde. Die Kinder kennen dieses Ritual inzwischen gut. Sie kennen ihr Schaf und dürfen ein Blümchen neben ihr Schaf kleben. Als Zeichen ihrer Anwesenheit beim Kreis.

Nach der Einführungszeit habe ich mit dem Thema Schöpfung begonnen. Jeder Schöpfungstag wird in einer separaten Bibelkreis-Stunde durchgenommen. Als ich die Bestandteile Sonne, Himmel, Sterne, Wolken mit den Kindern erarbeitet habe, merkte ich, dass die Kinder sehr aufmerksam bei der Sache waren und auch Fragen stellten. Wir leben noch in der Corona-Krise. Auch dies färbt auf die Kinder ab und sie wussten, dass dies keine schöne Sache ist. Ich erklärte den Kindern, dass Gott die Sonne schuf, den Himmel, die Sterne. Da kam wie aus der Pistole geschossen von einem Kind die Frage: „Hat Gott auch Corona gemacht?". „Nein" erwiderte ich, „aber Gott hilft uns durch diese Zeit hindurch." Ja, Gott ist ein Gott, der uns Menschen nichts Böses will. Er lässt manches Unschöne zu, damit wir die Wunder des Alltags erkennen können. Gott gibt uns Kraft, um alles, was nicht gut ist zu ertragen.

Heute bin ich glücklich

Es ist Ende Juli. Wir stecken immer noch in der Corona-Pandemie, aber heute bin ich rundum glücklich und zufrieden. Denn ich sitze in einem Liegestuhl in meinem Lieblingssaunagarten (zum Glück ist wieder geöffnet). Ich höre die Vögel zwitschern, das Wasser blubbern und so manche Leute reden. Die Sonne scheint, jeder der hier ist, strahlt Freude und Ruhe aus. Es sind viele Rentner hier und auch einige, die wie ich, Urlaub haben. Ich schaue mich um und sehe viele schöne Blumen. Der Garten hier im Wellnessbereich ist herrlich angelegt. Ich überlege mir, wie es im Garten Eden gewesen sein mag. Da blühte es sicherlich in den herrlichsten Farben. Da gab es bestimmt Pflanzen, die es heute nicht mehr gibt. Jetzt sehe ich Schmetterlinge herumfliegen und höre die Bienen summen. Danke Gott, dass ich heute diesen Urlaubstag genießen kann. Wenn ich zum Himmel schaue, da sehe ich nur blau. Herrlich! Keine einzige Wolke. Viele verstehen es nicht, dass ich im Sommer gerne in die Sauna gehe. Es ist für mich das schönste Lebensgefühl. Ich liebe dieses frei sein, ja, frei sein von Kleidung am Körper. Ich liebe es, wenn die Sonne meine Haut küsst und der leichte Wind über meinen Bauch schwebt. Ich darf heute meine Augen schließen und den Sinnen freien Lauf lassen. Fühlen, riechen,

hören. Ganz bewusst erleben, was um mich herum geschieht. Wenn ich meine Augen öffne, darf ich sehen. Ich sehe Menschen wie Gott sie schuf (und wie McDonald´s sie formte). Ich darf schmecken. Ich werde nachher meine Vesperdose öffnen, Brot und Obst essen. Vielleicht gönne ich mir noch ein Eis.
Ich sage DANKE für diesen schönen Tag heute.

© Sandra Widulle

Ich bete…

…weil ich weiß, ich kann es nicht allein.

Diesen Satz habe ich in einer Story meines Sohnes bei Instagram gelesen. Dieser erweckte sofort meine Aufmerksamkeit. Mein Sohn betet, weil er weiß, er kann es nicht allein. Es ist schön zu wissen, dass da jemand da ist, an den man sich wenden kann, wenn man nicht mehr weiterweiß. Auch ich bin ein Mensch, der vieles nicht allein kann. In solchen Fällen bin ich immer dankbar, wenn ich jemanden um Hilfe bitten kann.

Wie ist das mit dem Beten? Kann ich beten und dann ist Hilfe da?

Ich habe mir ein neues Sofa gekauft und dieses konnte ich nicht allein transportieren. Habe ich in dieser Situation gebetet? Ich glaube nicht. Wie hätte ich beten sollen? Gott, hilf mir bitte, dass ich das Sofa tragen kann? Nein, so konkret bete ich nicht. Aber ich bitte Gott jeden Tag, dass er mich führt und mir immer das zum Leben gibt, was ich brauche. In der Sache mit dem Sofa, gab Gott mir die Idee, dass ich meinen Vermieter frage, ob er mir behilflich sein kann. Denn ich wusste, er hat einen großen Anhänger.

So danke ich Gott, dass ich jederzeit mit meinen Bitten zu ihm kommen darf. Gott ist mein Vater und er hilft mir.

Kürbissuppe

Mein Sohn ist Langstreckenläufer und ich begleite ihn gerne zu seinen Sportveranstaltungen. Ein Lauf fand in München statt, der bekannte „Wings for life". Yannic fuhr mit seinem Auto einen Tag zuvor nach Olching zu meiner Freundin Inge um dort zu übernachten, damit er am Tag des Laufs keinen weiten Weg fahren muss.

Ich besuchte einen Tag vor dem Event meine Tante in Bad Aibling und kam dann mit dem Zug nach Olching gereist. Der Mann meiner Freundin und mein Sohn holten mich am Bahnhof ab. Es war abends und mich erwartete ein Abendessen bei Inge zu Hause. Yannic sagte mir, dass es eine Kürbissuppe geben wird. Ich war mit dieser Aussicht auf eine gute warme Suppe zufrieden. Aber was ich dann am Esstisch im Wohnzimmer meiner Freundin sah, zauberte mir ein Lächeln in mein Gesicht. Da hat man mir eine Überraschung bereitet. Da kannte mich jemand sehr gut. Denn es gab keine Kürbissuppe (obwohl mir die auch schmeckt), sondern Raclette. Mein Lieblingsessen! Ich habe mich sehr gefreut.

„Freude zeigt sich am strahlenden Gesicht." (Sprüche 15, 13)

Lass die Herzen immer fröhlich

In meiner Gemeinde gab es einmal das Ritual, wenn man am Tag des Gottesdienstes Geburtstag hat und anwesend ist, dann darf man sich ein Lied wünschen, das gesungen werden soll. So war es an meinem 47. Geburtstag. Ich wünschte mir das Lied „Lass die Herzen immer fröhlich". Ich liebe dieses Lied. Es ist von der Melodie flott und der Text widerspiegelt eine positive Lebenseinstellung. Auch wenn in meinem Herzen nicht alle Tage Sonnenschein ist, bin ich doch bemüht, trotz alledem dankbar zu sein.

Der Text des Liedes kommt mir oft in den Sinn. Zum Beispiel wenn ich beim Zahnarzt auf dem Behandlungsstuhl sitze. Das ist dann meist kein glücklicher Moment und mit dem Lied in meinen Gedanken überstehe ich diese Zeit gut.

Ein paar Jahre später hatte ich wieder am Tag es Gottesdienstes Geburtstag. Und wie sollte es anders sein, als mir wieder dieses Lied zu wünschen. Weil ich meinen kindlichen Glauben behalten habe und ich die Wörter „fröhlich" und „Sonnenschein" liebe, passt dieses Lied hervorragend zu mir.

Hier der Text:

Lasst die Herzen immer fröhlich und mit Dank erfüllet sein, denn der Vater in dem Himmel nennt uns seine Kinderlein!

Gott führt uns an Vaterhänden, schützet uns in Kampf und Streit; seine Gnade ist´s die täglich, Kraft und Stärke uns verleiht.

Wenn wir uns von ihm abwenden, wird es finster um uns her, unser Gang ist nicht mehr sicher und das Herz von Freuden leer.

Refrain:
Immer fröhlich, immer fröhlich,
alle Tage Sonnenschein!
Voller Schönheit ist der Weg des Lebens,
fröhlich lasst uns immer sein.

Text: Francis Jane (Fanny) Crosby 1873 / deutsch
Johann Abraham Reitz 1893

Zwei geniale Ideen

Es war wieder so weit. Ich setzte meine Pilgerreise Richtung Santiago de Compostela fort. Die Strecke Ulm bis Ravensburg sollte per Fuß zurückgelegt werden. Im Vorfeld holte ich Informationen über diesen Weg von Freunden ein, die diese Tour bereits gelaufen waren. Die Quartiere wurden gebucht, die Zugkarte gekauft, der Rucksack vorbereitet. Die täglichen Etappen lagen zwischen 15 km und 26 km.

Am Ulmer Münster traf ich mich mit Melitta, meiner treuen Freundin. Wir liefen gleich los. Es war bereits Mittag und wir hatten 20 km vor uns. Unsere Füße mussten sich erst wieder an das Laufen gewöhnen. Ich muss sagen, ich hatte Sorge, ob ich es überhaupt schaffen werde, da ich seit einem Jahr unter einer Sehnenplattenentzündung am rechten Fuß litt. Am ersten Abend, als wir in unserem Quartier ankamen, taten uns nicht nur die Füße weh, sondern auch Waden und Oberschenkel. Nach einer guten Nachtruhe waren wir erholt und konnten weitermarschieren. Und das war jeden Tag so. Abends waren wir immer erschöpft, aber am Morgen waren wir wie neu geboren, hatten Kraft und Elan für den Tag.

An einem Tag hatten wir eine kurze Strecke, so dass wir bereits um 16 Uhr im Gasthaus ankamen. Da hatte ich eine geniale Idee und ich sagte zu Melitta: „Wir lassen unsere Rucksäcke im Zimmer und laufen in den nächsten Ort. Dann haben wir morgen auch eine kürzere Strecke. Ohne Rucksack läuft es sich leichter."

Jetzt war nur die Frage: Wie kommen wir wieder zurück zum Gasthaus? Wir hatten ein gutes Gottvertrauen. Er wird uns die richtige Idee schenken. So marschierten wir los und waren in 2,5 Stunden die 10 km in den nächsten Ort gelaufen. Es war ein kleiner Ort mit Kapelle. Dort holten wir, wie es unter Pilgern der Brauch ist, unseren Stempel für den Pilgerpass ab. Ein kleiner Ort, in dem kein Bus fuhr. Aber wir waren ja nicht auf den Mund gefallen. So sprachen wir eine Frau an, die im Garten arbeitete. Welch eine Freude für uns, denn diese Frau fuhr uns sogleich mit ihrem Auto zu unsrem Quartier zurück. Das war wunderbar. So hatten wir am nächsten Tag die Aussicht auf eine kürzere Strecke.

Unser Hausherr vom Gasthaus fuhr uns am nächsten Morgen zu der Stelle, von der wir am Vortag von der freundlichen Dame zurückgefahren wurden. Der nun verkürzte Pilgertag war sehr schön. Die Sonne schien und es war sehr warm. Wir freuten uns, dass wir frühzeitig in Bad Waldsee ankamen. Eine faszinierende Stadt.

Die zweite geniale Idee kam mir am vorletzten Tag. An

unserem letzten Pilgertag sollte laut Wetter-
vorhersage die Temperaturen auf 25 Grad steigen und
wir hatten eine Etappe von 26 km vor uns. Da sagte ich:
„Melitta, wir suchen eine Postfiliale und schicken
einiges, was im Rucksack ist zurück. Dann wird unser
Gepäck leichter und wir können entspannter laufen."
Gesagt – getan!
Ich darf sagen, während unserer 6-tägigen Pilgertour
haben wir über manches gestaunt, uns gefreut und vor
allem Gott gedankt.

© Sandra Widulle

Rituale

Die Definition von „Ritual" lautet: Ein Ritual ist eine nach vorgegebenen Regeln ablaufende, meist formelle und oft feierlich-festliche Handlung mit hohem Symbolgehalt. Sie wird häufig von bestimmten Wortformeln und festgelegten Gesten begleitet und kann religiöser oder weltlicher Art sein. Ein festgelegtes Zeremoniell von Ritualen oder rituellen Handlungen bezeichnet man als Ritus. Manche Rituale gelten als Kulturgut. (Wikipedia)

Ich habe auch so manche Rituale. Ich liebe es, an Gutem, Altbewährtem festzuhalten. Es kommen immer wieder neue Begebenheiten in mein Leben, die sich dann zu Ritualen entwickeln.

Vor einigen Jahren haben meine Kinder und ich angefangen, in der ersten Januar Woche zu IKEA zum Frühstücken zu gehen und danach natürlich durch das Einrichtungshaus zu schlendern. Wir kamen uns jedes Mal wie in einem Freizeitpark vor.

Mit meiner Freundin Andrea, die ich seit meiner Kindergartenzeit kenne, treffe ich mich nur einmal im Jahr. An den anderen Tagen im Jahr haben wir kaum Kontakt, aber an diesen einen Tag im Jahr halten wir fest. Anfangs waren unsere Kinder noch dabei und wir trafen uns im Nürnberger Tiergarten. Dann weiteten wir es aus und besuchten den Tiergarten in München und Stuttgart. Es ist jedes Jahr interessant, wohin es uns verschlägt. Ausflüge in die Therme oder zu den Przewalski-Pferden haben wir schon hinter uns. Ich bin dankbar über diese langjährige, bestehende Freundschaft und über unser Ritual des jährlichen Treffens.

Dann gibt es Hilla, auch eine Freundin. Da wir beide gerne in der Natur unterwegs sind, nahmen wir uns vor, jedes Jahr im Mai miteinander zu wandern. Leider hat uns das Schicksal da einen Strich durch das Vorhaben gemacht. Hilla wurde krank und ist nicht mehr so belastbar. Aber hin und wieder treffen wir uns zu kleineren Strecken oder anderen Zusammenkünften, denn unsere Freundschaft und unsere Gespräche sind mir sehr wertvoll.

Ein weiteres Ritual ergibt sich immer in der Weihnachtszeit. Seit mein Papi einen Tag vor Weihnachten verstarb, ist meine Stimmung in dieser Zeit nicht festlich gestimmt und den Slogan „Fröhliche Weihnachten" habe ich aus meinem Wortschatz verbannt. Dennoch stelle ich jedes Jahr die Krippe auf. Das ist ein Erbstück und sie wurde von meinem Onkel gefertigt, der leider vor meiner Geburt starb. Diesen Stall, diese Landschaft mit kleinen Hügeln, auf denen ich Rehe und Steinböcke platziere, ist eine Erinnerung und eine Verbundenheit mit meinem verstorbenen Vater.

Da gibt es noch Rosi, meine Freundin, die ich vor zig Jahren in meinen Kuren kennengelernt habe. Sie war von Anfang an meine Krankenschwester und es brauchte vier Kuren, denn erst dann befreundeten wir uns miteinander an. Wir wohnen 60 Kilometer voneinander entfernt und so spielte es sich ein, dass wir uns etwa alle drei Monate in einem schönen Caféhaus auf halber Strecke verabredeten. Das zogen wir einige Jahre durch, bis wir eines Tages bemerkten, dass wir auch gerne zusammen spazieren gehen. Und so treffen wir uns nun in unregelmäßigen Abständen an verschiedenen Orten, um gemeinsam zu gehen und dabei tauschen wir so manche Gedanken aus.

Jesus hatte auch ein Ritual. Er ging aus Gewohnheit in die Synagoge. Immer am Sabbat. So halte ich es auch. Der Sabbat, der Samstag, ist mein Ruhetag, an dem ich gerne zum Gottesdienst gehe und mich mit anderen Glaubensgeschwistern treffe.

Nur mein Tag

Alles ist gut, das Leben geht seinen Gang. Das ist noch lange kein Grund, sich zufrieden zu geben. Du brauchst eine ICH-Zeit. Lass etwas Glitzer in dein Leben. Die Überschrift deiner ICH-Zeit könnte heißen: „Das habe ich ewig nicht gemacht", „Das wollte ich schon immer machen" oder „Das ist total verrückt, aber ich tue es". Ich möchte dir ein paar Beispiele geben. Vielleicht ein Abend mit Freunden, die du lange nicht getroffen hast oder du gehst ins Kino, Theater oder sogar in ein Musical. Ziehe dein schönstes Outfit an. Ich, zum Beispiel, liebe Bademantel-Tage. Ein Tag, an dem ich nichts anhabe, außer den Bademantel. Den lasse ich genussvoll fallen und genieße die Hitze in der Sauna. Ja, wenn dies auch deine Leidenschaft ist, dann mache es nicht nur einmal im Jahr, sondern so oft du kannst. Glaube mir, dass hebt die Stimmung und Glücksgefühle stellen sich ein.

Hast du eine To-do-Liste für dein Leben? Ich habe eine. Solltest du keine haben, dann erstelle eine. Du wirst merken, es gibt so viel, was du noch erleben möchtest. Auf meiner Liste stehen Orte, die ich gerne einmal sehen möchte. So möchte ich nach Regensburg, Bamberg oder Darmstadt. Solche Ausflüge unternehme ich gerne mit meiner Tochter. Das ist dann eine

Mutter-Tochter-Zeit und ist Balsam für meine Seele. Natürlich stehen auch Länder auf meiner Liste. Thailand, da möchte ich unbedingt einmal hin.

Mein größtes Vorhaben auf meiner To-Do-Liste ist der Jakobsweg. Einige Kilometer bin ich schon gelaufen. Bis jetzt immer mit einer Freundin. Nun möchte ich diese Zeit auch als meine Ich-Zeit nehmen und im nächsten Urlaub plane ich eine Strecke von ca 100 Kilometer allein zu pilgern. Dieses Wagnis einzugehen, setzte sicherlich eine Menge Kraft für dieses Abenteuer frei. Vernunft ist schön und gut. Noch besser ist es, wenn der Kopf den Bauch ab und zu die Vorfahrt lässt. Wenn du Single bist, dann treffe dich mit einer unbekannten Person, die du vielleicht aus der Facebook-Seite kennst oder aus einer Dating-Plattform. Mache dieses Experiment, du musst nicht viel von dir preisgeben, nur so viel, dass eine nette Unterhaltung zustande kommt. Auf diese Weise wächst du über dich hinaus und lernst dadurch neue Menschen kennen.

Habe ich dir nun Mut gemacht, dir eine Anregung gegeben? Natürlich kannst du deine ICH-Zeit gestalten, wie du möchtest. Wenn du willst, darfst du mir gerne deine Erlebnisse deines ICH-Tages berichten. Ich würde mich freuen.

Liebeserklärung

Es gibt Momente in meinem Beruf, da wird mir ganz warm ums Herz. In meiner Kindergartengruppe sind 24 Kinder. Jedes Kind hat seine Persönlichkeit, jedes ist anders und einzigartig. Da gibt es Kinder, die bemerkt man kaum, sie spielen ruhig, fallen nicht aus dem Rahmen und tun immer das, was wir als Erzieher oder Kinderpfleger von ihnen verlangen. Dann gibt es Kinder, die kommen lautstark und mit den Worten „ich willl..." am Morgen in den Gruppenraum. Kein freundliches „Guten Morgen", sondern Aggressivität und Bestimmerton. Das sind Augenblicke, da fragt man sich, ist das Kind mit dem falschen Fuß aufgestanden oder läuft im Elternhaus etwas schief? Und dann gibt es noch Benny (Name geändert). Benny ist seit zwei Jahren bei uns in der Gruppe und irgendwie hat er mich in sein Herz geschlossen. Wenn er morgens von seiner Mama gebracht wird, möchte er, dass ich ihn zur Garderobe begleite und ihm beim Ausziehen helfe. So auch, wenn wir in den Garten gehen oder einen anderen Ausflug machen. Er lässt sich nur von mir helfen. Ich finde es auch süß, wenn er seine kleine Hand in meine schiebt. Er läuft gerne Hand in Hand.

An einem Tag war ich nicht im Gruppenraum als Benny gebracht wurde, ich hatte im Büro zu tun. Meine

Kollegin hatte Schwierigkeiten, ihn von der Mutter zu lösen. Ihr blieb nichts anderes übrig, als Benny zu mir ins Büro zu bringen. Ich saß am Schreibtisch und sah zur Tür als sie aufging und ich war sehr gerührt. Da stand Benny mit Tränen in den Augen, begleitet von meiner Kollegin und sie sagte: „Sandra, wir müssen schauen, ob du heute da bist." Ich nahm Benny auf meinen Schoß, er schluchzte noch ein paar Mal, dann waren seine Tränen weg.

Ein anderes Mal war er schon fröhlich im Raum, bevor ich anwesend war. Als ich dann kam, wunderte ich mich über seine gute Laune und er kam freudestrahlend auf mich zu. „Ich habe dich mit dem Fahrrad gesehen." Ja stimmt, er war im Auto mit seiner Mama und die beiden haben mich überholt. So war er sich sicher, dass ich auf jeden Fall da sein werde. Deshalb löste er sich an diesem Tag problemlos von seiner Mama, um einen schönen Tag im Kindergarten zu verbringen.

Doch der schönste Moment für mich war dieser: Ich saß mit vier Kindern am Nachmittag zum Vespern zusammen. Benny saß mir gegenüber, da schnappte er sich seinen Teller und seine Vesperbox und setzte sich neben mich, denn dieser Platz war noch frei. Katrin (Name geändert) fragte: „Warum setzt sich Benny jetzt neben dich?" „Frag ihn", erwiderte ich und Katrin tat dies. Daraufhin flüsterte Benny Katrin ins Ohr:

„Weil ich sie liebe." Ich hörte dies natürlich, und musste innerlich schmunzeln und mir wurde ganz warm. Sofort kam von Katrin: „Darf ich das der Sandra sagen?" Ein lautes „NEIN!" erschall. Katrin hat sich auch darangehalten und hat nichts gesagt. Erst als Benny abgeholt war und ich mit ihr allein war sagte sie: „Der Benny liebt dich."

Er ist wirklich ein schnuckeliger kleiner Kerl.

Es ist echt schön, wenn man weiß, man ist am richtigen Ort. So danke ich jeden Tag für meine tolle Arbeitsstelle. Es sei noch anzumerken, dass Benny ein richtiges Schlitzohr ist und er einem schon auch nerven kann, aber sein treuherziger Blick macht vieles wieder wett.

Traurigkeit

Ich staune immer wieder, dass Texte, die ich in meinem abendlichen Andachtsbuch lese, auf meine momentane Situation passen.

Es war ein Tag, an dem empfand ich große Traurigkeit. Ich hatte mit jemanden eine Auseinandersetzung. Ich darf sagen, ich war richtig enttäuscht. In dieser Situation merkte ich nichts von Liebe unter den Menschen. Gottes Auftrag ist es doch, den Nächsten so zu lieben wie sich selbst. Es herrschte eine dicke Luft, das Atmen fiel mir schwer. Ich erwartete bei unserem Gespräch ein aufeinander Zugehen, gegenseitiges Helfen, aber ich fand nur ein: „Lass mich in Ruhe!" An diesem Tag konnte ich nur weinen. Denn mir wurden Steine in den Weg gelegt, mit denen ich nicht rechnete.

Abends las ich in meinem Buch: „Gib deine Traurigkeit und deine Probleme an mich ab. Gib mir deine zerbrochenen Träume. Ich werde nicht nur deine Verletzungen heilen, sondern dir auch einen besseren Traum schenken."

Da merkte ich, dass Gott mich sieht. Er sah in mein Herz, sah meine Bitterkeit meine Enttäuschung, meine Traurigkeit. Ich war nicht wütend oder sauer auf meinen Gesprächspartner, ich war traurig. Ich kam mir wie Andreju aus der „Unendlichen Geschichte" vor. Er war in den Sümpfen der Traurigkeit. Ja, genau so empfand ich. Der Text munterte mich zwar nicht auf, aber er zeigte mir, dass nicht nur Freude und Sonnenschein zu meinem Leben gehören, sondern auch die Schattenseiten, und wie wunderbar ist es doch, diese Gefühle und Gedanken an Gott abgeben zu können, sie mit ihm teilen zu dürfen.

Ich bitte Gott, dass er mir hilft, in einer liebevollen Beziehung zu meinen Mitmenschen zu stehen und dass ich die Kraft bekomme, so manche Steine aus dem Weg zu rollen oder etwas Schönes aus ihnen zu bauen.

Regenbogen

Ein Regenbogen bildet sich, wenn Lichtstrahlen auf Wassertropfen treffen. Dies kommt vor, wenn es regnet und gleichzeitig die Sonne scheint. Es ist ein wunderschönes Naturschauspiel. Blau, lila, grün, gelb, orange und rot, die Reihenfolge der Farben ist immer gleich. Mich versetzt das Ansehen eines Regenbogens jedes Mal in Erstaunen. Ich liebe die zarten Farben und den Schimmer, der verbreitet wird.

Der Regenbogen ist im christlichen Glauben ein Zeichen der Treue Gottes. Im Alten Testament sandte Gott eine Sintflut über die Erde, um seine Schöpfung fast komplett auszulöschen. Noah, seine Familie und die Tiere überlebten jedoch in der schützenden Arche. Als die Flut vorüber war, erschuf Gott den Regenbogen und gab den Menschen sein Versprechen nie wieder eine solche Flut auf die Erde zu schicken. Im ersten Buch der Bibel (1.Mose 6 – 9), wird diese Geschichte erzählt.

Im August 2021 war ich mit meiner Freundin Melitta in Rumänien. Wir verbrachten einen schönen Urlaub. Als wir wieder zurück in Deutschland waren, musste ich von Stuttgart mit meinem Auto nach Hause fahren. In Gedanken war ich immer noch bei den Erlebnissen, die ich erleben durfte. Bevor ich auf die Autobahn fuhr, tat sich vor mir ein großer leuchtender Regenbogen auf.

Wie freute ich mich. Gott zeigte mir dadurch, dass er da ist.

Gleich am nächsten Tag begann meine Pilgerreise (Ulm bis Ravensburg). Eine Woche war ich mit Melitta wandern. Wir hatten wieder eine wunderbare Zeit zusammen. Als auch diese Reise zu Ende war, fuhren wir mit dem Zug nach Hause. Zuhause angekommen, lief ich erst einmal durch meinen Garten und schwang mich dann unter die Dusche. Im Badetuch eingekuschelt stand ich danach auf dem Balkon und blickte in den Himmel. Und auch da ereignete sich wieder diese Farbenpracht am Himmel. Vor mir ging ein großer Regenbogen auf. Ich war überwältigt. Meine beiden Urlaube hatten im Regenbogenlicht ihren Abschluss gefunden.

Danke, großer Gott, du warst während der Urlaubszeit bei mir und wirst es auch weiterhin sein.

© Judika Tittel

Von Kartoffeln und Badezusätzen

Vor einigen Jahren las ich die Geschichte von einem Mädchen, das im Keller die Kartoffeln holte. Jedes Mal griff sie nach den schlechtesten, den kleinsten, den verschrumpelten. Die großen und guten ließ sie in der Kiste liegen. Die wollte sie für besondere Tage aufheben. Aber so nach und nach waren auch die schönsten Kartoffeln alt und schrumpelig. Auf diese Weise hat das Mädchen immer die schlechtesten Kartoffeln und kam nie in den Genuss der besten Kartoffeln.

Diese Geschichte kann ich auf eine Situation in meinem Leben übertragen.

Ich liebe es, in der Badewanne zu liegen. Meine Familie und meine Freunde wissen das und schenken mir oft wunderschöne Badezusätze. Badeperlen in den schönsten Farben, wohlduftendes Badeöl, schöne Fläschchen oder als Törtchen geformte Badebomben. Ich freue mich jedes Mal darüber und stelle oder hänge sie dekorativ in meinem Bad auf.

Da fiel mir vor kurzem die Geschichte mit den Kartoffeln wieder ein und ich fand eine Parallele dazu. Wenn ich in die Badewanne gehe, nehme ich immer ein einfaches Badeöl aus einer unspektakulären Flasche. Warum handle ich so? Weil mir die Schönen gefallen und ich sie aufheben will. Ich werde und möchte dies in Zukunft ändern. Denn, warum aufheben? Ist nicht jeder Badetag ein Highlight und verdient dieses Event nicht den besten Badezusatz? Meine Freunde schenken es mir nicht, damit ich damit mein Bad dekoriere. Sie schenken es mir, weil sie mir Entspannung in einem warmen Bad wünschen. Ja, ich werde meine schönen Badezusätze verwenden, werde die Zeit in der Wanne genießen und an die denken, die mir dieses Erlebnis geschenkt haben. Ich möchte nichts mehr aufheben für irgendwann. Denn wer weiß, vielleicht ist irgendwann morgen schon vorbei.

© Kerstin Schär

Ich bin ich

Wie gut kennst du dich wirklich? Lehne dich zurück und lasse dein Leben wie einen Film an dir vorüberziehen. Ich werde dir, und mir selbst, ein paar Fragen stellen. Gehe auf Entdeckungsreise zu dir selbst.

- Bist du die Lieblingsperson von jemandem?

Vielleicht von deinem Partner, deiner Partnerin, deinen Kindern, deinen Eltern? Mir fällt hier spontan der kleine Junge aus meinem Kindergarten ein. Ich bin seine "Lieblingserzieherin".

- Gibt es ein Geheimnis, dass du noch nie jemandem erzählt hast?

Du bist in jemandem verliebt und behältst es für dich? Mir fällt nichts ein, was ich noch nie jemandem erzählt habe. Selbst meine intimsten Erlebnisse teile ich mit einer meiner besten Freundinnen. Da merke ich, dass es ein Geschenk ist, eine oder zwei beste Freundinnen zu haben.

- Besteht deine Arbeit aus dem, was du am besten kannst?

Oder hast du einen Beruf erlernt, weil du damit viel Geld verdienst? Du kannst viel besser Blumen zu schönen Gestecken binden, aber damit verdient man weniger als in deinem jetzigen Job? Macht dich dies glücklich? Ich habe den Beruf der Schriftlithografie erlernt. Ein handwerklicher, graphischer Beruf. Erst als ich über 50 Jahre war, drückte ich noch einmal die Schulbank und erlernte den Beruf der „Kindergärtnerin". Das war schon immer mein Traumberuf. Nun kann ich sagen, besteht meine Arbeit aus dem, was ich am besten kann. Und das macht mich sehr glücklich.

- Bist du schon mal richtig ausgerastet?

Kennst du das, wenn Türen knallen oder Teller geworfen werden? Ich kenne das. Türen habe ich schon des Öfteren zugeknallt und ich habe meinen Frust herausgeschrien. Gut war es bestimmt nicht immer, aber es befreite die Seele.

- Hast du schonmal einen Menschen unglücklich gemacht?

Oh ja, das habe ich. Ich habe eine Freundin die Freundschaft gekündigt. Ich habe gemerkt, sie tut mir nicht mehr gut. Sie hat mich in negative Stimmung versetzt und dies hielt ich nicht mehr aus. Besser wäre es gewesen, ich hätte mit ihr darüber geredet, als einfach einen Schlussstrich zu ziehen.

- Bist du ein anderer Mensch, wenn du alleine bist?

Oder bist du im Grunde nicht gerne alleine, brauchst immer Gesellschaft? Wenn ich allein bin, dann bin ich frei. Ich kann tun was mir gut tut. Ich muss nicht perfekt sein. Ich muss nicht reden und kann meinen

Gedanken freien Lauf lassen. In Gesellschaft oder in einer Partnerschaft/Freundschaft muss man sich anpassen. Ich bin dankbar, Freunde zu haben, bei denen ich auch "alleine" sein darf.

- Wann warst du das letzte Mal so richtig nett zu dir selbst?

Vielleicht hast du dir ein gutes Essen zubereitet und hast es im Kerzenschein genossen? Ich habe dies in der Silvesternacht gemacht. Da habe ich für mich alleine Fondue gemacht. Es war herrlich. Gemütlich im Wohnzimmer mit einem guten Film habe ich gegessen. Das tat richtig gut. Man darf sich auch selbst verwöhnen.

© Inge Steinbach

Vertrauen

In dem Wort „Vertrauen", steckt auch das Wort „trauen". Schon kleine Kinder lernen, dass mit „ich vertraue dir" auch viel Mut, also „ich traue mich" – dazugehört. Ich erinnre mich an eine Szene, die sich vor ca. 31 Jahren ereignete. Mein Neffe war damals zwei Jahre alt. Ich war mit ihm spazieren und er entdeckte eine Mauer, auf die er hinaufwollte. Ich hob ihn hoch und er stellte sich oben hin, breitete seine kleinen Ärmchen aus und sagte: „Fang mich auf". Er hatte schon damals ein gutes Verhältnis zu mir und er vertraute mir, dass ich ihn auffangen werde. Es gehört auch Mut dazu, als kleiner Knirps von einer Mauer zu springen. Selbstverständlich fing ich ihn auf.

Eine andere Szene mit meinem Sohn, an die ich mich gerne erinnere. Er war damals drei Jahre alt und war allein am öffentlichen Spielplatz. Unsere Wohnung war ein paar Meter davon entfernt. Ich lies das Fenster offen, so dass ich im Notfall hören könne, falls er das Weinen anfangen sollte. Vom Fenster aus konnte ich nicht zum Spielplatz sehen, denn der lag um die Ecke. Ich hatte Vertrauen, dass meinem Sohn nichts geschieht. Und mein Sohn traute sich, allein zu spielen. Ich war in der Küche, als ich ein leises „Mama, Mama" hörte. So ging ich nach draußen, lief zum Spielplatz und sah Yannic vergnügt im Sand sitzen, spielend mit einer Schaufel. Immer wieder sagte er „Mama, Mama". Er hatte das Vertrauen, dass ich ihn hören werde. Ich nahm meinen Sohn bei der Hand und wir gingen vergnügt nach Hause.

Als sich mein Leben vor vier Jahren komplett auf den Kopf stellte, musste ich viel Mut beweisen. Ich traute mich als Schülerin eine Erzieherausbildung im Sozialpädagogischen Institut zu beginnen. Mein Mut war größer, als meine Angst zu versagen. Ich richtete mein Vertrauen auf meinen himmlischen Vater, den ich bat, mir Ausdauer, Kraft und eben Mut zu geben. Ich staunte nicht schlecht, denn ich meisterte jede Aufgabe gut. Die Schultage gefielen mir sehr. Ich schrieb gute Noten und konnte die Ausbildung zur Kinderpflegerin mit einer guten Note abschließen.

Mut und Vertrauen zahlten sich aus.

Gebets-Alphabet

Wie betest du? Legst du Gott deine Bitten und Sorgen vor? Oder betest du Gott an und dankst ihm? Ich versuche täglich meine Gebetshaltung nach dem ABC, bzw. dem ABDEF zu formulieren.

A = Anbetung

Gott gebührt Ehre und Anbetung. Vor ihm darf ich mich niederknien, ihm darf ich meine höchste Ehrerbietung bringen, denn er ist mein Herr, mein Schöpfer, mein himmlischer Vater. Ich gebe zu, dieser Teil des Gebetes fällt mir am schwersten.

B = Bekennen

Hier darf ich sein wie ich bin. Ich darf mit all meinen Fehlern zu Gott kommen. Jede Schuld, jedes Vergehen, jede Lüge darf ich zu Gott bringen. Ich darf auch das zu Gott bringen, wovon ich überzeugt bin, dass er dies nicht gutheißt. Ich habe, so wie du vielleicht auch, meine „Lieblingssünden".

D = Danken

Zum Danken gibt es jeden Tag genug. Schon morgens, wenn ich erwache und das Rollo hochziehe, danke ich für das Licht, das in mein Schlafzimmer fällt. Ich glaube, jeder von uns kann täglich genug aufzählen, wofür wir dankbar sein dürfen. Und wenn wir dankbar sind, dann sind wir glücklich.

E = Erbitten

Zum Schluss eines Gebetes dürfen wir Gott unsere Bitten vorlegen. Da fällt mir immer viel ein und ich erwische mich dabei, dass ich Gott oft eine Lösung vorschlage, wie er meine Bitten erfüllen könnte. Doch Gott denkt meist anders, aber immer zu meinem Besten.

F = Fürbitte

Vergiss deine Mitmenschen nicht. Es ist schön, wenn du auch an andere denkst und deren Sorgen und Bitten vor Gott bringst. Ein Gebet ist kraftvoller, wenn wir in Gemeinschaft beten.

Ich möchte dich ermutigen, dein Gebet nach diesem Alphabet zu gestalten.

© Andrea Soponova

Im Wald

Im Mai plante ich eine Pilgertour von Hof bis Pegnitz. Das Besondere daran war diesmal, dass ich allein unterwegs sein wollte. Bis jetzt pilgerte ich immer mit einer Freundin. Nun kam die Herausforderung, allein unterwegs zu sein.

Schon das Planen war eine Freude. Dabei half mir, dass mein Pilgerfreund Wolfgang diesen Weg bereits gegangen war. Mit ihm ging ich auf der Wanderkarte den Weg durch. Meine Unterkünfte suchte ich mir über das Verzeichnis der Jakobswege in Oberfranken, das es im Internet gibt. Ich konnte im Vorfeld alles buchen und so war ich voller Vorfreude.

Allerdings wurde mir von einigen Leuten Angst gemacht. „Was, du gehst allein?, Hast du keine Angst?, Pass bloß auf!, Weißt du denn nicht, dass in den Wäldern Wölfe sind?". So manche unliebsame Unterhaltung musste ich führen. Ich darf sagen, ich habe keine Angst. Das Einzige, was mir Angst macht, sind Hunde. Wenn ich da einen begegne, tja, davor graut mir.

So weit, so gut. Dann kam der Tag, an dem es los ging. Voller Freude fuhr ich mit dem Zug nach Hof und lief an meinem ersten Tag 22 Kilometer. Von Angst keine Spur. Ich war so freudig, vor allem über das schöne Wetter, die schöne Natur und über meine Gesundheit (denn ich hatte mir vor vier Wochen den Zeh gebrochen und es war nicht sicher, ob ich überhaupt laufen könne). Jeden Tag hatte ich Waldabschnitte dabei. Mal kleinere, mal größere. An meinem fünften Lauftag war die gesamte Strecke (18 km) im Wald, und nicht nur am Waldrand, sondern mittendrin. Da war meine Befürchtung, dass Regen kommen könnte. Denn Wald und Regen ist nicht so mein Ding. Außerdem bin ich im Regen noch nie gepilgert. Diese Erfahrung wollte ich auch nicht machen. Jetzt im Nachhinein darf ich sagen, dieser besagte Tag war der schönste von allen.

Während ich lief, sang ich immer und führte Gespräche mit Gott. Er war immer an meiner Seite. Mal war er vor mir, mal hinter mir. Ich war nie allein. Dieser Waldtag war sehr abwechslungsreich. Mal war der Weg breit, dann wieder sehr schmal, fast wie im Dschungel. Und eine Begegnung mit einem Hund hatte ich auch. Das Tier wurde aber, nachdem ich schrie: „Halten sie ihren Hund fest!" von seinem Besitzer an die Leine genommen.

Insgesamt war ich sechs Tage unterwegs und legte in der Zeit eine Strecke von 120 Kilometer zu Fuß zurück. Nächstes Jahr werde ich von Pegnitz bis Heilsbronn laufen. Ich staune über mich selbst, dass mich das Pilgern so gepackt hat.

Regen

Während meiner Pilgertour war das Wetter jeden Tag schön. Bevor ich morgens loslief, schaute ich immer auf meine Wetter-App. An einem Tag sollte es ab und zu regnen. So sprach ich zu Gott, er möge mich begleiten und mir die richtige Einstellung zum Regen geben, denn auf eine im-Regen-Laufen-Erfahrung war ich nicht scharf. Vormittags war alles trocken. Ich konnte fröhlich marschieren. Gegen Mittag fing es leicht zu tröpfeln an. Zufällig war da eine Bushaltestelle. Ich stellte mich in das Wartehäuschen und dachte, hier bleibe ich, bis der Regen vorbei ist, aber hier zog es und der kalte Wind gefiel mir nicht. Zumal ich auch schon etwas nass war. Ich schaute auf mein Handy, ob in der Nähe vielleicht ein Restaurant oder ein Café wäre, in das ich mich setzen konnte, denn wer weiß, wie lange der Regen andauert und im Buswartehäuschen war es nicht gemütlich. Ich staunte, als mir auf dem Handy eine Kirche angezeigt wurde, die ca. 200 Meter von der Bushaltestelle entfernt war. Ich machte mich auf den Weg und auf einmal fing es stärker zu regnen an. Nur noch 200 Meter! Die letzten 50 Meter prasselte es richtig runter. Ich huschte schnell in die Kirche und musste erst einmal laut „Danke" sagen. Danke, dass ich einen Ort gefunden hatte, an dem ich bleiben konnte, solange es regnete.

Es war eine wunderschöne, moderne Kirche. Viele Kerzen brannten. Es war warm und gemütlich. Ich lief die Treppe hoch, denn oben befand sich ein Meditationsraum. Ach, war das schön! Ich konnte meine Schuhe ausziehen und die Füße hochlegen. Auch mein nasses Shirt und die nasse Jacke zog ich aus und breitete alles auf den Hockern aus.

Gott hat es wunderbar geführt. Der Regen setzte im richtigen Moment ein. Nicht auszudenken, ich wäre gerade mitten im Wald oder auf einem freien Feldweg, an dem keine Unterstellmöglichkeit wäre, gewesen. Ich verweilte etwa zwei Stunden in dieser Kirche, die sogar auch ein WC hatte. Ich war zufrieden und dankbar für Gottes Führung.

Die Sonne kam wieder heraus. Ich konnte trockenen Fußes meinen Weg fortsetzen.

Danke, Gott, dass du mein Gebet erhört hast.

Eines Tages werde ich mit Sicherheit die Erfahrung machen (müssen), auch im Regen zu laufen.

I am so happy

Mein Weg zur Arbeit stimmt mich jeden Tag fröhlich. In den Sommermonaten fahre ich meistens mit dem Rad. Es sind nur elf Kilometer. Die gesamte Strecke kann ich auf einem Radweg fahren. Ich bin so dankbar, dass ich in einer kleinen Stadt wohne und in einem kleinen Dorf arbeite. Ich fahre durch kleine Ortschaften, man grüßt und lächelt sich an. Mach das mal in einer Großstadt. Ich nehme meinen Arbeitsweg mit allen Sinnen wahr. Ich rieche, sehe, höre, fühle. Okay, schmecken tu ich eigentlich nicht. Es sei denn, ich entdecke unterwegs einen Strauch mit Beeren. Dann kann es schon sein, dass ich kurz anhalte, um ein paar Beeren zu zupfen. Wenn ich am Waldrand vorbeifahre, steigt mir ein Duft von Holz in die Nase, an der Pferdekoppel riecht es nach Pferden und aus dem Kuhstall kommt mir Kuhduft entgegen. Verschiedene Geräusche nehme ich wahr. Traktoren kreuzen meinen Weg, Vögel zwitschern, ein Bach plätschert und ich vernehme ganz viel Ruhe. Besonders an frühen Morgen ist es noch so herrlich still. Ich fühle die warme Luft, die zart meine Haut streift. Den Sonnenschein, dessen Wärme ich am ganzen Körper spüre. Manchmal bekomme ich ein paar Regentropfen ab und spüre somit das Nass auf meiner Haut. Am

schönsten ist das Sehen: Spielende Katzen vor den Bauernhöfen, Pferde, die geritten werden oder auf der Koppel Gras fressen, einen Esel, dem ich freundlich zulächle, andere Radfahrer, die mir entgegenkommen oder mich überholen, Menschen vor ihren Häusern, die ihre Blumen gießen, Hunde die Gassi geführt werden, ein Bächlein in dem Enten schwimmen und Libellen darüber fliegen, verschiedene Pflanzen und Bäume. Es ist einfach herrlich und ich komme jedes Mal erquickt in meiner Arbeitsstelle an. Meine Kollegin sagte mal, man merkt, ob ich mit dem Auto oder dem Rad komme. Das Radeln erfrischt mich und macht gute Laune.
Jeden Tag sage ich DANKE. Mir geht es richtig gut. Ich bin glücklich. I am so happy!

9-Euro-Ticket

In den Monaten Juli und August 2022 kaufte ich mir das billige Ticket, um damit in ganz Deutschland mit der Bahn fahren zu können. Ich fuhr damit nach Ansbach und Nürnberg, um meine Erledigungen zu machen und auch über ein verlängertes Wochenende nach Fürstenfeldbruck zu Freunden. In meinem Urlaub kostete ich es voll aus. Abgesehen von den kleinen Fahrten, wie eben wieder nach Nürnberg, um meine Tochter zu besuchen, machte ich eine große Reise bis nach Buchholz in der Nordheide, in der Nähe von Hamburg. Durch eine Reise nach Südbayern wusste ich, dass die Züge voll sein werden. So begann ich meine Reise vor sechs Uhr morgens, in der Hoffnung, dass da die Züge noch nicht so voll besetzt sind. Aber bereits bei meinem ersten Umstieg in Nürnberg war der Zug enorm voll. Ich musste insgesamt fünf Mal umsteigen. Alles lief ohne Probleme und ich hatte immer einen Sitzplatz. Nach elf Stunden kam ich an meinem Ziel an. Während meines Aufenthaltes bei meinen Freunden fuhren wir auch manche Strecke, so dass sich das Ticket wieder als eine großartige Sache erwies. In Hamburg fuhren wir sogar damit mit dem Schiff. Schiffe werden in dieser Großstadt wie ein Linienbus eingesetzt. Das war für mich ein tolles Erlebnis. Nach ein paar Tagen Urlaub im Norden, trat ich die Heimfahrt wieder an. Geplant war zehn Stunden Fahrt. Leider ist bei der Bahn sehr oft der Fall, dass es nicht nach Plan läuft. Und so fuhr mein erster Zug 18 Minuten später los, was zur Folge hatte, dass ich keinen meiner Anschlusszüge erreichen konnte. Aber ich hatte ja Zeit, keine Eile. Nun musste ich mir neue Verbindungen per Internet am Handy suchen. Die Route veränderte sich auch. Egal, Hauptsache ich komme nach Hause. Auch auf dieser Reise waren die Züge alle gerammelt voll. Viele Menschen mussten stehen oder auf den Treppen im Zug sitzen. Bei einem Umstieg hechtete ich grad noch in den Zug hinein. Oh, dieser Zug war voll! „Mist!", dachte ich, hier werde ich wohl stehen müssen. Ich schlängelte mich durch die Menschenmenge im Zug durch, um einen passenden Stehplatz zu finden. Und, was sah ich da? Einen freien Platz! Ich fragte: „Ist dieser Platz frei?" – „Ja", sagte man mir. Sogleich setzte ich mich hin und sagte im Stillen „Danke!". Bei einem anderen Umstieg erreichte ich den Anschlusszug wieder nicht und musste eine Stunde auf den nächsten warten. Ich hatte keine Lust am Bahnsteig in der prallen Sonne mit den anderen wartenden Fahrgästen zu warten und so lief ich ein paar Meter in die Stadt hinein. Da entdeckte ich gleich einen im Schatten gelegenen Spielplatz. Ich nahm auf der Schaukel Platz, aß mein Brötchen und genoss die Ruhe. Ausgeruht kehrte ich rechtzeitig zum Bahnsteig zurück.

Auf meiner Heimfahrt hatte ich, wie auf der Hinfahrt immer einen Sitzplatz. Gott sei Dank!

Nach 12 Stunden kam ich zu Hause an. Ich muss sagen, dieses 9-Euro-Ticket hat mir ein richtiges Abenteuer beschert.

© Andrea Soponova

Givebox

In Nürnberg, in der Nähe der U-Bahnhaltestelle "Hohe Marter" gibt es ein "Nehmen+Geben-Häuschen", eine Givebox.

Vor einigen Jahren hatte meine Freundin Eri ihren Traum von so einem Häuschen, mit Unterstützung einiger Freunde, in die Tat umgesetzt. Viele Jahre wurde die aus Holz gebaute Givebox von vielen Menschen besucht. Dinge, die man nicht mehr benötigte, aber noch gut waren, konnte man dort abstellen. Irgendjemand kann es bestimmt noch brauchen. Man konnte dort nehmen, aber auch geben. Es ist sozusagen ein Geschenke-Haus oder eine Tauschbörse. Ein sehr nachhaltiges Objekt.

Eines Tages brannte das Häuschen lichterloh. Brandstiftung! Freunde dieser Givebox waren entsetzt und traurig. Meine Freundin ließ sich nicht abbringen, diese Begegnungsstätte, für viele Menschen war es auch ein Treffpunkt, um Neuigkeiten auszutauschen, erneut aufzubauen. Und so geschah es. Die neue Givebox wurde nun gemauert.

Als ich an einem Samstag dort war, kam ein Auto aus dem angrenzenden Landkreis und brachte viele schöne Sachen: weihnachtliche Deko, Spiele, Bücher,

Spielwaren und vieles mehr. Alles sehr gut erhalten. Ich konnte mir sogar einiges mitnehmen, was ich für meinen Kindergarten verwenden könnte. Dann traute ich meinen Augen kaum. Sie hoben aus dem Auto einen aus Holz gesägten Hirsch, der viele Säckchen auf dem Rücken hatte. Ein Adventskalender! Der gefiel mir so gut, dass ich ihn gleich nehmen durfte. Ich bedankte mich recht herzlich. Selbstverständlich bedankte ich mich auch bei dem Paar für alles, was sie gebracht hatten. Denn somit konnten sie vielen Menschen eine Freude bereiten.

Die Givebox war für diesen Moment wie ein sehr schön eingerichteter Geschenkeladen.

Wer mehr darüber erfahren möchte:

https://www.facebook.com/people/Give-Box-Nürnberg/100064771026525/

Die Last in deinem Leben

Welche Last trägst du zurzeit? Trägst du sie freiwillig oder wurde sie dir auferlegt? Schaffst du es noch oder drohst du mittlerweile zusammenzubrechen? Kannst du von irgendwoher Hilfe erwarten oder hast du bereits Unterstützung? Bist du überhaupt bereit, Hilfe anzunehmen, oder hast schon jemanden um Hilfe gebeten?

Eine Menge Fragen, die gleich wieder zu einer neuen Last werden können. So ist es eben mit akuter Last. Wie tröstlich und gleichzeitig befreiend ist da die Einladung Jesu: „Kommt alle zu mir, ich will euch die Last abnehmen." (Matthäus 11,28) In manchen Ländern gibt es den Beruf des Lastenträgers. Wer diesen ausübt, lässt sich alles aufladen, wozu seine Kraft reicht, um andere zu entlasten, damit diese unbelastet den Weg gehen können.

Last ist aber nicht immer nur negativ zu sehen. Eine Legende aus der Sahara erzählt, dass ein neidischer Mann in einer Oase eine besondere schöne junge Pflanze heranwachsen sah. Da er von Eifersucht auf alles Junge und Hoffnungsvolle erfüllt war, wollte er die schöne Pflanze zerstören. Er nahm einen schweren Stein und legte ihn mitten auf die junge Krone. Der junge Baum schüttelte sich, aber es gelang ihm nicht, den Stein abzuwerfen. Da entschloss er sich, mit der Last zu leben. Er grub seine Wurzeln tiefer in die Erde, sodass die Äste kräftig genug wurden, um den schweren Stein zu tragen. Nach Jahren kam der Mann zurück, um sich an dem verkrüppelten Baum zu „erfreuen". Aber er suchte ihn vergebens. Die Palme, inzwischen zur größten und stärksten der ganzen Oase herangewachsen, sagte zu dem Mann. „Ich muss dir danken, deine Last hat mich stark gemacht!"

Egal, wie groß und welcher Art deine Last sein mag: Warte nicht, bis du zusammenbrichst, sondern nimm das Angebot des größten und stärksten Lastenträgers an. Bitte Gott um Kraft, sie zu tragen, wenn sie sich nicht ändern lässt, und um Weisheit, sie zu ändern, wenn es möglich ist.

©Franz-Josef Eiteneier

Alles zu seiner Zeit

„Unmöglich" schoss es mir durch den Kopf. Tatsächlich hatte ich mir für den nächsten Tag so viele Aufgaben vorgenommen, dass es kaum zu schaffen war. Mein Kalender strotzte nur so von Terminen. Doch nicht genug, denn ich liebäugelte ich mit dem Gedanken, das eine oder andere noch dazwischen zu schieben. „Das geht dann schon noch irgendwie", hoffte ich optimistisch.

Am Abend des besagten Tages sank ich völlig erschöpft auf mein Sofa und war total frustriert, dass ich noch nicht einmal die Hälfte meines Tagespensums erreicht hatte. Das wiederholte sich Tag für Tag. Vorwurfsvoll fragte ich mich selbst: War ich nicht schnell genug? Warum ging mir manches nicht so schnell von der Hand? Warum habe ich das nicht geschafft? Was ist mit mir los? Mir einzugestehen, dass die Menge vielleicht doch zu viel war, wollte ich eigentlich nicht. Stattdessen suchte ich nach einer anderen Antwort.

Burnout! Von dieser Erkrankung hörte ich in meinem Umkreis und in den Medien immer öfter. Das macht mir Angst, muss das sein? Wer ist schuld, dass es so weit kommt? Betrifft das auch mich?

Gott hat jeden viel Zeit gegeben und überlässt uns selbst diese 24 Stunden einzuteilen und zu nutzen. Was mache ich daraus? Wo sind meine Prioritäten? Wie teile ich meine Zeit ein? Bin ich damit zufriedenen? Habe ich auch Zeit für Gott gelassen?

Meine Mutter sagte oft: „Ein Tag kann eine Perle sein und ein Jahrhundert nichts." Jeder Tag ist kostbar. Was machst du mit deiner Zeit?

Ich habe ein Seminar besucht, mit dem Thema Zeit. Da ging es über organisieren, delegieren, reduzieren, einteilen und vieles mehr. Mir ging da so einiges durch den Kopf. Da ich mir gerne vieles Bildhaft vorstelle, um besser begreifen zu können, dachte ich sofort an ein Rennrad. Ich bin der Fahrer auf dem schicken Rennrad, mit dem ich so schnell wie möglich durch mein Leben ans Ziel kommen möchte. Es hat viele Gänge, damit ich in jeder Lebenssituation Kräfte und Zeit sparen kann. Ob ich diese auch richtig einsetze? Überfordert mich das? Manchmal möchte ich langsam fahren, um am Wegesrand das Schöne zu genießen. Dann geht es wiederum ganz schnell, eigentlich nicht schnell genug, ich möchte immer mehr und mehr. Es geht bergauf und bergab auf den unterschiedlichsten Wegen. Schmale Schotterwege, gefährliche große Straßen, aber auch schöne glatte, breite und auch einsame Straßen. Alles ist dabei. Wenn ich Rückenwind habe, geht es mir gut. Aber wenn ich Gegenwind habe, habe ich kein Verständnis dafür.

Gott ist mein Trainer. Er bedient den Lenker, so dass ich zumindest trotz aller Anstrengung in Richtung Ziel komme.

Gott hat als unser Coach auch immer Tipps bereit. Deshalb zeigt er uns, wann Zeit ist, ein bis zwei Gänge zurückzuschalten. Wenn wir uns zu sehr abstrampeln, ist er da und rät uns, den höheren Gang zu nehmen. Oder er zeigt uns auf, dass wir auch mal vom Rad absteigen und nur schieben sollen? Zu unserem Wohl müssten wir nur machen, was er sagt. Handeln wir aber wie ein trotziges Kind und meinen schlauer zu sein, dann zieht er gewiss auch mal die Bremse.

Alles zu seiner Zeit. Er lenkt und leitet uns, welch ein Glück!

Lerne doch die Tipps von Gott anzunehmen, hab Gemeinschaft mit ihm. Lass es zu, dass es in deinem Leben viele kostbare „Perlentage" gibt. Vertraue ihm! Nimm dir Zeit dafür, es lohnt sich!

Gott ist zu jeder Zeit bei uns und lässt uns nicht im Stich.

Manchmal macht er sogar Unmögliches möglich.

„Fürchte dich nicht, ich stehe dir bei! Hab keine Angst, ich bin dein Gott! Ich mache dich stark, ich helfe dir, ich schütze dich mit meiner siegreichen Hand!
(Jesaja 41, 10)

©Elke Pauli

Mein Portemonnaie

Ich hatte gestern Abend eine so schöne Erfahrung und sie hat mir gezeigt, dass Gott auch heute noch Wunder tut. Wir, meine Tochter und ich, waren zu Fuß einkaufen. Auf dem Nachhauseweg habe ich mein Portemonnaie verloren. Meine Tasche, die ich um die Schulter getragen hatte, war ziemlich vollgepackt und so legte ich meinen Geldbeutel obendrauf. Durch eine Bewegung ist er scheinbar herausgefallen, ohne dass wir etwas bemerkten. Ich hatte 250 € darin und natürlich alles, was man in einem Geldbeutel aufbewahrt. Da ich mir doch unsicher war, ob ich meinen Geldbeutel vielleicht doch im Einkaufswagen vergessen hatte, wo ich ihn beim Einpacken kurz reingelegt hatte, bin ich schnell mit dem Auto nochmals hingefahren. Ich habe an der Kasse danach gefragt, ob eventuell ein Geldbeutel abgegeben wurde. Leider verneinte die Kassiererin dies. Deshalb lief ich dieselbe Strecke nochmal nach Hause, habe das Auto vorerst am Parkplatz stehen lassen. Während ich lief und immer nach allen Seiten schaute, sprach ich mit Gott. Durch mein ständiges Gebet wurde ich ruhig und gelassen. Ich habe mein Portemonnaie nicht gefunden. Daher bin ich wieder zurück zum Parkplatz, habe mein Auto geholt und bin nach Hause gefahren. Die ganze Zeit habe ich

Gott gedankt, dass er auch diese Situation gut werden lassen wird. Nach nicht mal 30 Minuten klingelt es an der Tür und ein älterer Herr steht vor der Tür und ich wusste sofort, er hat mein Portemonnaie. Ich habe ihn reingebeten und wir unterhielten uns noch eine Weile. Er hatte es hinter dem Einkaufszentrum am Boden liegend gefunden. Seine Aussage, er würde dort so gut wie nie entlanglaufen und meistens nicht so nach unten schauend, das war meine Gelegenheit zu bezeugen, dass ich Christ bin und die ganze Zeit dafür gebetet hatte und er meine Gebetserhörung sei. Ich war so happy. Ich hatte meine Bankkarten zwar alle schon sperren lassen, aber das war nicht so dramatisch.

Gott ist groß.

Der Finder hatte seine Tochter informiert und sie hatte die Idee, gleich in Facebook nach meinem Namen zu suchen und ist dort schnell fündig geworden. Außerdem hat sie dort festgestellt, dass wir einen gemeinsamen „Freund" haben, den sie benachrichtigt und der mir dann auch geschrieben hat. Da aber meine Adresse auf dem Ausweis steht, ist der Mann gleich vorbeigekommen. Er meinte, er sei dabei selbst aufgeregt gewesen, der Überbringer zu sein.

Danke Gott, dass du mir immer wieder zeigst, dass Gebet ruhig macht.

©Melitta Klamt

Zugabe:

Der Fernseher ist wichtig

Abends in einer Stadt, in der das Licht nicht allzu früh erlischt. Während das Tageslicht allmählich verblasst, erstrahlen die Mattscheiben der vielen tausend Farbfernseher. Und auch das letzte Schwarz-Weiß-Gerät der Stadt tut seinen Dienst. Und wie alle anderen, so trifft auch Thomas seine Vorbereitungen für einen gemütlichen Abend vor der Glotze. „So jetzt hab ich alles: Knabbergebäck, Erdnüsschen und eine große Pizza a la Pasta", sagte er und stellte alles behutsam auf einen kreisrunden Tisch, der genau in der Mitte eines recht bequem hergerichteten Wohn-zimmers stand. Danach ließ er sich ins Sofa fallen. Fürs leibliche Wohl ist gesorgt. Fehlt nur noch der Augenschmaus, hehe!", grinste Thomas, streckte sich nach der Fernbedienung, fasste sie und drückte auf einen kleinen roten Knopf. Sofort erhellte die Glotze das Wohnzimmer. Ein Mann in schickem Anzug sagte gerade das Wetter für die nächsten drei Tage an. „Das Wetter bleibt kühl und unbeständig. Ab und zu gibt es im Süden einige Hagelschauer und Gewitterwolken." „Verdammter Mist!", fluchte Thomas und sah aus dem Fenster. Tatsächlich! Riesige Wolkentürme zogen auf. Das bedeutete nichts Gutes! „Einmal wenn ich allein zu

Hause bin und am nächsten Tag angeln will, stimmt diese Wettervorhersage!" KAABAM!! Und KAWOOM!! Konnte man den Donner von weitem hören. Ein schwacher Blitz erhellte das Wohnzimmer und für einen Augenblick war alles in ein bizarres Grün und Gelb verwandelt. Aber schon war es wieder vorbei. Doch in diesem Augenblick fing es erst richtig an. Und so gleich darauf...

„Guten Abendrezels...krrrrrcks....willkommerzl....ich bekrackz.... ziss....grrrrr....kricksgi....", konnte man gerade noch von dem Mann im giftgrünen Anzug und violetter Krawatte verstehen, der gerade am Bildschirmrand erschien und die Zuschauer des Fernsehfilms begrüßte. Der Bildschirm begann zu flackern. Es krachte und schepperte. Ein letztes Funkensprühen. Dann gab es ein knisterndes Geräusch und das Wohnzimmer wurde dunkel. „Eine Störung! Ausgerechnet jetzt! Hoffentlich ist sie bald vorbei!", flehte Thomas. „Oh nein! Es wird doch nicht das sein, was ich denke!" Er sprang vom Sofa zum Fernseher. „Bitte lieber Apparat, lass mich nicht hängen!" Er hechtete in den Flur. „Ein Techniker muss her! Sofort!" Er griff nach dem Telefon und wählte die Notrufnummer, die ihm seine Frau noch vor der Abreise über das Telefon gehängt hatte. Seine Frau und seine zwei Kinder waren leider für einige Tage zur Oma gefahren (was Thomas zutiefst deprimierte). Er hielt sich den Hörer ans Ohr und wartete bis jemand abhob.

Vor lauter Aufregung keuchte er seine Adresse in die Sprechmuschel – und hätte beinah die Adresse seines Nachbarn angegeben. „Meine Glotze... ich meine... mein Fernseher ist kaputt. Ich denke der Blitz hat eingeschlagen,", brachte er hervor. „Wattn se mal ich schick ihna an Technika vorba. Oba wenn a kaputt is, dann bracht der ja gar net komma. Oba, des is jetzt a schob woascht. Also, i schick ihna an Techniker vorba." Minuten später tuckerte ein rot-weißes Auto die Straße entlang. Thomas rannte hinaus und fuchtelte wild mit den Armen, damit der Fahrer das Ziel ja nicht verfehlen würde. „Hallo, hierher! Schnell! Hier ist der Notfall!" Ein untersetzter Mann mit fast gar keinem Hals und breiter Schulter stieg aus dem Auto und schlenderte schlaftrunken ins Haus. „Beeilen Sie sich, die Lage ist äußerst ernst!", sagte Thomas und zog den dicklichen Mann ins Wohnzimmer, der ohne etwas zu erwidern folgte. Der Mann öffnete seinen „Arztkoffer" und holte sein Stethoskop heraus. Er stellte sich neben den Fernseher und tastete ihn ab. „Ist es schlimm?", wagte Thomas zu fragen. „Schlimma geht's goa net. Tut ma leid, lieber Freund, oba ihr Museumsstück hat den Geist aufgebn,", antwortete der Mann. „Für immer? Kann man denn gar nichts tun?", seufzte Thomas. „Doch! Auf den Müll werfen, falls man ihn dort net wegen Altersschwäche ablehnt!", gluckste der Mann und stakste, ohne ein weiteres Wort zu sagen, aus dem Haus. „Das ist das Ende", schluchzte Thomas.

Je länger Thomas die gedämpft klingenden Dialoge und das flackernde Licht aus dem Nachbarhaus ertragen musste, wurde in ihm das Verlangen nach einem neuen Fernsehgerät geweckt. An diesem Abend konnte er überhaupt nicht einschlafen. Am nächsten Morgen in aller Früh ging Thomas zu einem Fernsehhändler am Rande der Stadt.

„Ich habe keine Lust eine Folge von Knightrider zu versäumen. Ich kauf mir einen neuen Farbfernseher und heute Abend weihe ich ihn mit meinem Nachbarn ein." Thomas betrat den Laden des Fernsehhändlers. Ein groß gewachsener Mann mit eleganter Krawatte kam um den Tresen stolziert. „Sie wünschen?" „Das beste Fernsehgerät das Sie haben." Der Mann strahlte. Seine quitschgelbe Krawatte hüpfte umher. „Da kann ich Ihnen ein Spitzenprodukt anbieten: Vollelektronisch mit Stereo und einmaligem DVD-Player direkt aus der Türkei. Und die Gebrauchsanweisung ist natürlich auf Deutsch, mein Herr!", scherzte der Mann. „Und das für schlappe tausendvierhundert Euro!" Thomas seufzte: "Und...ähm...etwas günstigeres haben Sie nicht?", traute er sich zu fragen. „Aber natürlich, mein Herr!", jubelte er. „Ein ausgezeichnetes Gerät mit allem technischem Komfort, inklusive Lautsprecher mit innovativem Design und zwei Verstärker für bescheidene tausendeinhundert Euro!" Thomas zitterte. Tausendeinhundert Euro!, dachte er. Das konnte er nicht bezahlen. „Und...ähm...gäbe es da auch etwas...(räusper)...unter tausend Euro?" „Aber selbstverständlich, mein Herr! Hier sehen Sie ein sensationelles Sonderangebot: Super Bildschirmqualität mit Fernbedienung aus Spanien für lachhafte achthundert Euro!" Nun musste Thomas handeln. Er musste es sagen: „Also ehrlich gesagt hab ich nur hundertsechzig Euro." Der Mann blickte ihn verständnisvoll an. „Ach so...(hüstl)...verstehe. Für diesen Betrag könnte ich Ihnen drei formschöne Schaltknöpfe und die aktuelle Ausgabe des Fernsehmagazins anbieten."

Thomas ging ohne Farbfernseher aus dem Laden. „Was bin ich doch für ein armer, vom Pech verfolgter Mann!" Ja, wirklich! Denn was kann es Schlimmeres geben, als ein Leben ohne Glotze? Thomas schlenderte zu sich nach Hause, als ihm plötzlich eine Idee kam: Ha! Wozu habe ich einen steinreichen Onkel? Er muss mir ein günstiges Darlehen geben. Sogleich darauf kehrte er um und lief zu seinem Onkel, der nicht allzu weit von Thomas´ momentanen Aufenthaltsort wohnte. Ich muss nur energisch auftreten, dann sieht er es ein! Nach etlichen Treppen, Türen und Glocken stand er endlich vor der eisenbeschlagenen Tür des „Goldsaals" von Giselbert, seinem Onkel. Er riss die Tür auf (was ihm erhebliche Anstrengung kostete) und preschte hinein, „So, und jetzt her mit der Kohle! Für meine Glotze!" Sein Onkel saß wie fast immer auf einem Ohrensessel, mit gesengtem Blick, und gelblich schimmernden Geldstücken in der Hand. Ganz ruhig, als ob er nichts gehört hätte, senkte er nach wie vor den Blick. Er zuckte mit der Wimper. Sein Mund öffnete sich leicht. Plötzlich, wie von der Hornisse gestochen, sprang er auf. „Dir zeig ich, was ich kann, du...!", schrie Giselbert. Die letzten Wörter endeten in Flüchen und Beschimpfungen. „Du kannst mir mein Geld nicht nehmen!" Er hechtete sich auf Thomas, um, ihm die 1-Euro-Münze, die er soeben auf dem Boden aufgehoben hatte, zu entreißen. „Nein! Warte, Onkel Giselbart! Ich werde...", flehte er. Der Onkel richtete sich auf: „Verschwinde aus meinem Haus, du elender Dieb, und lass dich hier nie mehr blicken!" Thomas rannte die Treppe hinunter zum Erdgeschoss und verschwand aus dem Haus. Er rannte über Onkel Giselbart´s Rasen, hinüber zu der Parkbank neben dem Stadtpark. „Was kann ich einzelner so viel Pech haben? Was ich auch versuche, es geht schief. Und so versäume ich auch Teil zwei des Films...."

©Yannic Widulle (15 Jahre, 2008)

Nachwort

♥♥♥♥♥♥♥♥♥♥♥♥♥♥♥♥♥♥♥♥♥♥♥♥♥♥♥♥♥♥♥♥♥♥♥♥♥

©Melitta Klamt

Ich habe dieses Buch für alle geschrieben, die das Leben lieben. Breite deine Arme aus, sowie ich auf diesem Bild, genieße jeden Augenblick. Jeder Moment, den du erlebst, kehrt nicht zurück. Werde dir bewusst, dass Situationen, die nicht schön sind, vorüber gehen und dich stark machen.

Nimm dir Zeit für Menschen, die dir wichtig sind, für Aktivitäten, die dir gut tun. Geh raus ins Leben, erforsche die Natur, spaziere im Sonnenschein und tanze im Regen.

Verliebe dich in das Leben, in DEIN Leben! Halte die Augen offen für das kleine Glück im Alltag.

Weitere empfehlenswerte Bücher:

Esther – Mit Gott die Welt auf den Kopf stellen

ISBN 978-3-03848-099-0
fontis-Verlag, Leo Bigger

Leo Bigger schafft es, die Geschichte von Esther in die heutige Zeit zu transportieren und dem Leser bewusst zu machen, dass Gott für jeden von uns einen Plan hat. Gottes Weg mit dir ist nicht immer offensichtlich. Doch er integriert Enttäuschungen, Umwege und Sünde in seinen großen Masterplan. Trotz negativen Schlagzeilen schreibt er mit deinem Leben Geschichte. Esthers Geschichte ist der rote Faden in dem Buch und Leo Bigger geht mit Passagen und Gedanken aus seinem Leben und Bibeltexten behutsam und einfühlsam, aber auch energisch und hart darauf ein. Ganz praktisch ermutigt er seine Leser in Schwierigkeiten nicht aufzugeben und im Vertrauen ganz auf die Karte Gottes zu setzen. Der Glaube hört dort auf, wo die Sorgen beginnen, und die Sorgen haben dort ein Ende, wo der Glaube beginnt.

Ich habe mich in dem Buch in vielen Stellen selbst gefunden und wurde persönlich angesprochen.

Der Traum – Eine Geschichte vom Himmel,
die das Herz heilt

ISBN 978-3-86591-493-4
GerthMedien, James Bryan Smith

Dieses Buch öffnet einem den Blick für den Himmel. Ich empfehle es jedem, der um einen geliebten Menschen trauert und für jeden, der sich auf den Himmel freut. Ein Buch, das die Herzen heilt und die Angst vor dem Tod nimmt. Es ist faszinierend, wie James Bryan Smith den Himmel beschreibt. Den „Raum des Staunens" fand ich umwerfend gut. Das Einzige, wofür es sich zu leben lohnt, sind die Schätze, die im Himmel angesammelt werden. Diese Schätze entstehen immer dann, wenn wir aus Liebe handeln. Es ist zwar nur eine Geschichte, die auf stark biografische Züge fundiert ist, aber ich kann mir gut vorstellen, dass Gott uns so eine neue Erde schenken wird.

Der Vers aus 2. Korinther 4,17 steht in dieser Geschichte als Fundament. Dies hat mich sehr berührt, denn dies ist unter anderem seit vielen Jahren meines Lieblingsverses.

FSC
www.fsc.org

MIX
Papier aus verantwortungsvollen Quellen
Paper from responsible sources
FSC® C105338